T0062844

SIEMPRE
ADELANTE
NUNCA
ATRAS

Siempre
Adelante
Nunca
Atras

Si descubrieras que la clave de la sanación la tienes tú.
Eligirias Sanar? Lee éste libro y SANA…

MARY LUZ BERMUDEZ

Número de Control de la Biblioteca del Congreso de EE. UU.:   2013905031
ISBN: Tapa Blanda   978-1-4633-5355-1
                         Libro Electrónico   978-1-4633-5354-4

Este libro fue impreso en los Estados Unidos de América.

Fecha de revisión: 09/05/2013

Para realizar pedidos de este libro, contacte con:
Palibrio
1663 Liberty Drive
Suite 200
Bloomington, IN 47403
Gratis desde EE. UU. al 877.407.5847
Gratis desde México al 01.800.288.2243
Gratis desde España al 900.866.949
Desde otro país al +1.812.671.9757
Fax: 01.812.355.1576
ventas@palibrio.com
449544

Índice

Cómo nació el titulo del libro

Un agradecimiento especial a Marcos Estrada uno de mis clientes, ya que él fue el que inspiró o descubrió el titulo de éste libro, de la siguiente manera:

Siempre acostumbraba a darle a mis clientes cuando ya estábamos terminando sus sesiones, un mensaje para que entendieran que el camino estaba al frente no atrás, les entregaba un papel con ésta frase:

Siempre Adelante Nunca Atrás y les decía que la incluyeran en sus ejercicios de hipnosis. Pero ése día antes de sacar a Marcos del trance hipnótico, escribí la misma frase para entregársela, en cuanto abriera los ojos, pero la escribí de forma diferente, la escribí como un acróstico.

S iempre
A delante
N únca
A trás

El abrió los ojos y yo ya tenía el papel enfrente de él para que lo leyera y aprovechar ésos segundos de trance hipnótico después de emerger de la hipnosis, para que la frase quedara gravada en su mente. Le pregunté qué dice en el papel? Él me contestó SANA, yo le dije que?

Él repitió SANA, le pregunte de que hablas? El me dijo en el papel dice SANA, yo confundida y arrugando el entrecejo miré el papel, el dijo, dice SANA, hasta ése momento vi la palabra que formaba cada inicial.

Le dije: Gracias Marcos!!!! Acabas de ponerle el título a mi libro.

DEDICATORIA

Este libro va dedicado a mi gran familia, la humanidad. Deseo de todo corazón que lo que aquí escribí, más que inspirarlos los ayude a evaluar su propia existencia, a reconocer el gran poder que vive en cada ser humano y a recordar que todos somos UNO. Es una invitación a reconocer, que somos absolutamente responsables por nuestras vidas y que nuestras elecciones y conducta, afecta nuestra vida y la de otros.

También, es un llamado a dejar ir el dolor del pasado, a quedarte con el aprendizaje y la experiencia y a seguir **Siempre Adelante Nunca Atrás,** en la maravillosa aventura de vivir.

INTRODUCCION

Empezaré por decir que el contenido de éste libro, es la recopilación de experiencias, en mi práctica privada, como hipnotista especializada en regresión a vidas pasadas, y además el resultado de mi mejor esfuerzo por recordar, lo que mi Alma ya sabe y quiere compartir.

Para los que estén listos a recordar la información que aquí está escrita, entenderán el profundo significado de la vida y reconocerán que todo lo que pasa en la vida de un ser humano es "causalidad" y no "casualidad". Que todo, hasta la más mínima experiencia en nuestras vidas, tiene una razón de ser y un propósito divino.

Además de expresar mi propio punto de vista de lo que considero es la experiencia humana en esta dimensión, encontrarás cosas que ya se han dicho desde el principio de la historia de la humanidad, información que es un recordar, si lees con los ojos de tu alma y no con los ojos de tu cuerpo, y que tu alma reconocerá.

Porque en realidad el conocimiento ya existe. Lo que aquí lees, además de un recordar, es un descubrir, ya que el ADN del alma, ya tiene ésta información.

Vale la pena aclarar, que éste libro está dirigido a la humanidad entera, sin dogmas de credo ni religión, ya que los caminos son muchos la luz es solo una.

Así que, cualquiera que sea la idea que tengas de Dios (como ser superior, energía, universo, creador, naturaleza, etc.) permite que tu mente y tu corazón se abran para que la luz entre.

Para no poner el paréntesis cada vez que me refiera a un ser superior lo llamaremos Dios.

Y si no crees en Dios también este libro es para ti, ya que aunque no lo reconozcas el vive en ti, en el anonimato.

Encontrarás que, se harán enlaces de un concepto dicho anteriormente con uno nuevo. Ya que aunque el libro está escrito de una forma sencilla y algunas veces hasta con lenguaje coloquial, estamos navegando en aguas profundas de conceptos, para unos un poco difíciles de entender, y al hacer los enlaces con conceptos anteriores, será más fácil la comprensión.

Espero que el estilo sencillo en el que he escrito el libro, te invite a leerlo y a elevar tu conciencia, que sea un despertar a la gran maravilla de la creación. He puesto todo mi amor fraternal por mis hermanos la humanidad, para plasmar mis pensamientos y sentimientos, espero que te inspire, lo utilices para tu propia sanación y lo compartas con quien tú consideres que lo necesite. Con los que amas y con los que son difíciles de amar, con tus amigos y especialmente con tus enemigos (si es que crees que tienes enemigos), para que tu colabores con su sanación.

Recuerda que al ayudar a sanar a otros, te estás sanando tu mismo. **Todos somos UNO!**

TODA ENFERMEDAD FISICA O MENTAL VIENE DE ADENTRO HACIA AFUERA

Al Escribir este libro no solamente expreso mi punto de vista sobre los maravillosos efectos de la hipnosis y otras técnicas de sanación, sino que además basada en mi experiencia como hipnotista, doy mi opinión acerca de ciertos temas y prácticas que tienen que ver con la salud humana.

En un mundo donde nos mienten diplomáticamente, para confundir y manipular nuestra mente, para negociar y lucrar con nuestra confusión está muy difícil ser amorosamente honesto y decir lo que uno piensa.

Ya que no solamente los que nos mienten están amañados con la ganancia, sino que nosotros nos hemos acostumbrado a escuchar mentiras y hemos creado una especie de reacción alérgica a la honestidad, nos sentimos heridos, lastimados, si se nos pide reconocer que estamos parqueados en una zona de confort, que la cura a nuestros males vive dentro de nosotros, pero que nos acomodamos y esperamos a que otro se responsabilice por nuestros errores o que otro nos cure.

No me creo dueña de la verdad, sino solamente de un pequeño pedacito de conocimiento que se me ha permitido recordar.

Hice mi mejor esfuerzo por ser amorosamente honesta al dar mi opinión, espero haber logrado el objetivo de opinar acerca de los métodos de sanación que ya existen, ciertas prácticas que afectan nuestra salud, e informar sobre otros métodos de sanación y especialmente de la auto sanación sin ofender a nadie y sin herir susceptibilidades.

Cuando te mientan responsabilízate por haberle creído y deja que el que te mintió, se responsabilice por haberte mentido. (Luz)

La ciencia ha hecho y hace un trabajo fantástico en el área de la salud, pero siempre ha tenido un bloqueo con la parte espiritual del ser humano, esto hace que la ciencia se quede corta en herramientas para explicar la etiología de la enfermedad física y mental.

Considero que es un buen momento en la historia, para que la ciencia se reconcilie con la parte espiritual del ser humano. Que se tome en cuenta el hecho, de que no por que algo no se puede ver con los ojos físicos significa que no existe, y que la ciencia deje de ser tan ingrata, dando explicaciones por encimita de las cosas.

La ciencia debe estar al servicio de la humanidad para resolver problemas a nivel profundo y una forma de hacerlo es despertando la consciencia de los que se dedican a hacer ciencia, o hablando en términos más profundos a quienes se les dio la misión de hacer ciencia.

Al hacer ciencia, se debería tener en cuenta, que un ser humano no es sólo un cuerpo físico, sino que está acompañado de mente y espíritu y que lo que podemos ver con los ojos físicos, en el cuerpo físico, es sólo la consecuencia de mente y espíritu.

Yo entiendo que todavía no existen herramientas con las que se pueden medir fenómenos que hasta el momento se llaman paranormales, pero también entiendo que si la ciencia rompe la barrera de la parte espiritual, se multiplicaran las probabilidades de conseguir estas herramientas que midan y evidencien lo que los sentidos humanos hasta el momento no han podido verificar.

Ahora por otro lado la ciencia moderna es utilizada por muchos como una maravillosa herramienta para mitigar el dolor de la humanidad, y lamentablemente para otros, es un jugoso negocio que produce ganancias impresionantes a costa del sufrimiento ajeno.

Y sin ánimo de juzgar, porque no me corresponde a mi hacerlo, me siento en la obligación moral de opinar basada en mi discernimiento, acerca de ciertas prácticas que ya son muy populares y en mi opinión se han vuelto peligrosas ya que sólo contribuyen a causar más dolor a la población.

Empezaré por decir que el concepto de enfermedad es clínico, de hecho la medicina alópata trabaja con la enfermedad. Con el sólo hecho de ponerle un nombre a cada enfermedad se le está dando poder y reconocimiento a la enfermedad. Mira los edificios gigantes que se hacen con títulos igualmente gigantes INVESTIGACION DEL CANCER todo un homenaje al cáncer.

Nunca olvidemos que nuestra mente es creadora y si yo me lo creo a nivel mental, lo puedo materializar al nivel físico, ya que **creer es crear.** Para que se enferme el cuerpo, primero se debe enfermar la mente.

Para apoyar esta idea citaré a continuación una fantástica información del libro Un curso de milagros.

Como se logra la curación: para que la curación pueda tener lugar, es necesario que se entienda el propósito de la ilusión de la enfermedad, sin ése entendimiento la curación es imposible.

HAY QUE HACER UN CAMBIO DE PERCEPCION

La curación es directamente proporcional al grado de reconocimiento alcanzado con respecto a la falta de valor de la enfermedad. Sólo con decir "Con esto no gano nada" uno se curaría, pero antes de uno poder decir esto, es preciso reconocer ciertos hechos:

1. Las decisiones son algo propio de la mente no del cuerpo.
2. La enfermedad no es más que un enfoque defectuoso de solventar problemas.
3. Tu decisión de estar sano a nivel mental, es la que hace que tu cuerpo esté sano.
4. Quien es el médico? **La mente del propio paciente**, el resultado del tratamiento es, el que el enfermo decida.
5. No es el mundo el que gobierna la mente, es aquel que contempla el mundo como lo quiere ver, vemos lo que elegimos ver. by Un curso de Milagros

Por lo tanto teniendo en cuenta ésta información podemos concluir, que tenemos un gran poder mental, que podemos decidir usarlo a nuestro favor para sanar, o por el contrario dejarnos influenciar por nuestra percepción del mundo alrededor y enfermar. Incluiremos en ésta percepción los medios de comunicación ya que generosamente nos aportan imágenes y sonidos que contribuyen a la creación de más enfermedad. (Más adelante explicaré esta idea)

Hablemos un poco de Hipnosis. Cuando la gente escucha la palabra hipnosis, hay muchas reacciones, ya que hay muchos mitos acerca de la hipnosis: unos creen que es magia, otros se acuerdan de shows donde ponen a hacer cosas chistosas a la gente, otros piensan en brujería, algunos creen que al hipnotizado le controlan la mente, unos cuantos, sí la identifican como un método de sanación, hay algunos países donde está más popularizado el término y ya no hay tanto mito. En fin causa muchas reacciones la palabra hipnosis.

Pero que es la hipnosis?

La hipnosis: Es un estado natural de la mente, un sentimiento muy placentero de completa relajación física y mental, es similar a ése momento entre saber que estás despierto, pero que estás entrando en un estado de sueño.

La hipnosis, es un estado de descanso donde se está altamente concentrado en algo. En el caso de usar la hipnosis a nivel de sanación, la persona está concentrada en un aspecto que quiere resolver. Cuando la persona está en trance, se tiene acceso a establecer contacto directo con la mente subconsciente, incorporando allí los cambios que la persona desea hacer.

La persona está siempre 100 % en control y solo aceptará hacer los cambios que son beneficiosos para la propia persona. El poder de la hipnosis cuando se trabaja en sanación, radica en el deseo de cambiar de la persona y de utilizar su poder personal y mental para lograr éste cambio.

La hipnosis cuando se utiliza profesional y apropiadamente, tiene un gran poder de sanación, pero es importante que la gente se entere que hoy en día la hipnosis se utiliza para mercadeo y publicidad y por lo tanto nos venden muchas cosas por medio de hipnosis.

Nos hipnotizan por medio de la TV, la radio, prensa, revistas, cine, internet y todo lo que sea publicidad y mercadotecnia. Las imágenes audiovisuales son muy poderosas y como ya naturalmente nuestra mente está diariamente en estados hipnóticos, según la teoría (75 % desde el nacimiento hasta la pubertad y 30 % en la edad adulta) lo único que tienen que hacer, es enviar mensajes repetitivos auditivos o pueden ir acompañados de imágenes audiovisuales, y esto crea una sugestión mental.

Esta herramienta utilizada responsablemente por los medios es eso, simplemente una herramienta de publicidad. Hay gente en los medios que hacen su trabajo profesionalmente manteniendo los límites del respeto y la ética hacia la comunidad. El problema surge cuando se pierde la perspectiva y los límites saludables y se abusa del poder de los medios, enviando mensajes que buscan a toda costa vender sin importar el costo que pague la sociedad. Una vez aclarado que no tengo nada en contra de los medios sino del abuso que algunos hacen de ellos, procederé a explicar mi punto.

Uno de los objetivos de éste libro, es colaborar con el despertar de la conciencia y parte de ése despertar, es saber que podemos utilizar el poder de la hipnosis para nuestra sanación.

Ahora hablemos un poco, de lo que nos venden a través de la media; no son solamente cosas materiales y tangibles, también nos venden ideas.

Pregúntate a ti mismo cuantas veces te has comprado algo que ni necesitabas y no entiendes ni por qué tomaste la decisión de adquirirlo, Nos crean necesidades nuevas y nos venden también ideas falsas que nos invitan a cambiar nuestra escala de valores. Y esto no respeta edades ya que hoy en día en la era de la informática los niños desde pequeños están a merced de toda la publicidad y son el blanco perfecto para las ventas. Desde chicos nos enseñan y condicionan a ser consumidores y a vivir cada vez más pegados al mundo material.

Lo cual es muy conveniente para todos los que manejan el poder económico del mundo, entre más dormidos estemos mejor para ellos. Incrementan la posibilidad de obtener más ganancias, pues tendrán bajo su dominio gente que solo vive para satisfacer los sentidos y cada vez más alejados del mundo espiritual, al que verdaderamente pertenecemos.

Hablemos un poco de la música de hoy en día, que es lo que más vende? lo más popular, lo más reconocido? De qué habla la música?

La música abre puertas a otras dimensiones; los seres humanos, respondemos naturalmente a la vibración, la música nos puede sanar, pero lamentablemente también nos puede enfermar. Esto ya está comprobado a nivel de física cuántica. La vibración es capaz de alterar la materia.

Los seres humanos naturalmente funcionamos por dos principios básicos, el principio del placer que nos hace acercarnos a lo que nos causa placer y el principio del dolor que hace que nos alejemos del estímulo que causa dolor.

Obviamente no se puede generalizar y a excepción de las buenas producciones musicales y sin demeritar los que verdaderamente se esfuerzan por hacer buena música. Hoy en día mucha música está diseñada para llamar la atención del cliente, sin importar el contenido del mensaje que se le da a la gente.

Está de moda crear música compuesta por sonidos e imágenes que causen placer. A muy pocos les interesa el mensaje que dan, el objetivo de muchos es vender. Como resultado tenemos una invasión de música que ya ni es música, porque son simplemente mezclas de instrumentos y sonidos electrónicos repetitivos, que causan placer a nuestros sentidos, acompañados de palabras (la letra de la canción), usualmente carente de mensajes positivos; con que rimen está bien, el mensaje no importa, el punto es vender.

De que hablan muchas de las canciones que escuchamos? de sexo, drogas, violencia, malas palabras, desamor, desesperanza, drama...

Y ahí están nuestros niños, los jóvenes, los adultos, escuchando puro mensaje negativo. Y repitiendo una y otra vez letras que nos dejan grabadas ideas negativas en nuestra mente. Hipnotizados con una música que nos duerme el alma en vez de despertarla. Ideas que nos invitan a vivir solamente del placer de los sentidos, que nos alejan del mundo espiritual al que pertenecemos, que nos hace creer que el amor no existe, que distorsiona la connotación y la raíz divina del sexo, y por lo tanto, una música que nos enferma.

Y con el agravante que la música acompañada de videos, ya no sólo es música con mensajes de sexo sin amor, droga y desamor, sino que también, son imágenes que refuerzan lo escuchado. Un doble impacto, la combinación perfecta para programar la mente del que se deje, y para bien o para mal, los que se dejan son muchos. No son los medios, la TV y radio una de las fuerzas más poderosas del mundo?

Como dije al principio, no tengo nada en contra del poder de los medios audiovisuales, lo que sí me parece nefasto, es la irresponsabilidad de las tácticas que utilizan y los mensajes que dan a la humanidad muchos de ellos, con tal de vender.

Para nuestro pesar, con algunas excepciones, éste tipo de música es la que está a la vanguardia. Y la música y producciones fantásticas que verdaderamente dan mensajes positivos, que nos conectan a ésa parte naturalmente musical de nuestro cuerpo y mente, que eleva nuestra vibración energética, que nos trasporta a mundos superiores, que nos eleva el espíritu, no se encuentran dentro de la música popular, sino que está guardada solo para un grupo selecto de personas. No es eso triste que se haya deformado el concepto musical hasta el punto, de que sonidos electrónicos repetitivos con letras de baja calidad estén de moda, no es algo que debemos cuestionarnos y cambiar?

Créanme no es que sea un mojigata o moralista, que esté en contra de la sexualidad y sensualidad, tampoco soy tan inocente como para pensar que en un mundo lleno de desamor no se hable de desamor, lo más natural es expresar el desamor que sentimos y eso es sano hasta cierto punto, pero pónganse a pensar y verán que se nos está yendo la mano. Sabiduría de nuestros abuelos, ni tanto que queme al santo, ni tampoco, que no lo alumbre, estamos perdiendo el equilibrio.

Pero seamos justos, esto es un juego de dos vías, donde se necesitan dos jugadores, los medios y el público. Nosotros tenemos el poder de elegir con que queremos inundar nuestros sentidos y los de nuestros hijos y muchos eligen dejarse llevar, sin oponer resistencia.

Por muchas razones:

Con los niños, porque es más fácil o cómodo poner el TV o los video-juegos de niñera, que atenderlos y gastar tiempo con ellos. Y con nosotros mismos, porque es más fácil entregarse a distraerse con un audiovisual, que alimentar nuestra mente y/o nuestro cuerpo con otro tipo de actividad que requiera más esfuerzo, por ejemplo pensar o mover nuestro cuerpo.

A esto sumémosle las películas, los juegos con los que se distraen nuestros niños, todas las aplicaciones que existen en los teléfonos, y todo la electrónica y mercadotecnia que invade hoy en día nuestros sentidos.

La tecnología es fantástica si la vemos como un recurso que nos facilita la vida y mantenemos el control sobre ella, la tecnología al servicio del hombre, y no el hombre al servicio de la tecnología.

Citemos más ejemplos, que nos ayudaran a entender más, como usan la hipnosis para vender y cómo nos enferma, todo el material negativo al que estamos expuestos.

Los llamados info-comerciales de televisión con mensajes subliminales que van más o menos así: Si usted siente, éstos y aquellos síntomas, usted podría tener, o estar propenso a tal enfermedad.

Otro muy popular: A partir de tal edad, empieza a decaer esto aquello o lo otro y entonces estás en riesgo de tal enfermedad…. ésta es una excelente técnica para plantar la semilla de la enfermedad, y los llamados info-comerciales en vez de informar des-informan.

Citaré uno letal que vi un día por TV. Si usted tiene 40 años y algunas veces se siente como la mitad de un hombre…. y muestran una imagen de la mitad de un hombre, de la mitad para arriba, de la mitad para abajo no existe, y continúan… usted debe saber que a partir de los 30 años de edad, se empieza a disminuir la producción de hormonas masculinas….. y hacen toda una explicación fisiológica, de lo que supuestamente se disminuye a partir de los 30 años; y continúan, y si usted no se toma éste producto (el que están anunciando por supuesto) podría sufrir de problemas sexuales tales como bla bla bla….. y nombran un montón de lo que le podría pasar, pero si usted consume mi producto no le va pasar eso, o si ya le está pasando esto, se puede revertir con mi producto.

Analicemos a nivel de hipnosis:

Toda esta información por acción de repetición de palabras e imágenes, te invitan a pensar negativamente. Los pensamientos son contagiosos y tienen su propia vibración, positiva o negativa.

Están dotados de la propiedad de la ideoplastia[1] y de acuerdo con las vibraciones positivas o negativas de que pueden ser imantados, producen una acción hipnótica en el campo mental, de la persona a las cuales son proyectados.

Si tú estás viendo comerciales constantemente que te están invitando a pensar en la enfermedad, pueden contagiarte y causar enfermedad. Estos mensajes van directo a tu mente subconsciente y dependiendo del grado de sugestionabilidad que tengas, serás un perfecto blanco para sembrar ideas de enfermedad en tu mente.

Todo esto, está fríamente calculado por maestros de mercadotecnia, versados y educados en cómo funciona la mente humana, (Psicología del consumidor) para así poder enviar el mensaje y elicitar la respuesta deseada, para hacer nuevos clientes.

En conclusión nos hipnotizan por la TV, por el radio, internet, con todos los mensajes publicitarios repitiéndonos una y otra vez, una idea que va directo a nuestra mente. La hipnosis funciona con repetición, imaginen el daño de imágenes y audio con mensajes que contribuyen a fortalecer la enfermedad, es impresionante! Ya que toda imagen, emoción y sentimiento, va directo a la mente subconsciente.

Entonces porque no utilizar éste fantástico poder, influenciando nuestro pensamiento de forma positiva, para que actúe benéficamente para nuestras vidas y la de los demás? Claro que si, acuérdate que nosotros somos creadores, hay que crear pensamientos positivos y transmitirlos a los demás. Contagiemos al mundo, pero de pensamientos positivos. Sanemos y ayudemos a sanar a otros.

---

[1] **Nota: Ideoplastia = término usado por los médicos espiritas, en la cual lo describen, como una facultad atribuida al pensamiento, según la cual ejerce su acción directa sobre la materia, transformándola a distancia.**

Por otro lado, el mundo está lleno de inconsciencia y en muchos casos, la práctica de la medicina, está más enfocada en hacer manejo de síntomas, y no en practicar la medicina como un método de sanación.

De igual forma como lo planteamos anteriormente, vale la pena mencionar, existen profesionales que usan todos los avances de la medicina, médicos alópatas que practican la medicina con conciencia y verdadero amor a sus pacientes y que son una verdadera bendición para la humanidad; también se debe reconocer, el gran aporte al mundo que han hecho y que hacen cuando éstos médicos, se comportan como verdaderos científicos, proveyendo a sus pacientes todo su conocimiento para buscar la sanación.

Pero es un hecho que así como hay profesionales dedicados a brindar todo su conocimiento, esfuerzo y dedicación a sanar a la gente ,también en otros casos se ve la carrera de medicina, como un negocio lucrativo, y en compañía de grandes empresas farmacéuticas colaboran a enfermar a la humanidad.

Envenenando la gente con fármacos que no curan a nadie si no que no más les permite hacer manejo de síntomas, actuando como reclutadores de gente, para que de por vida sigan comprando medicamentos, que a su vez con la larga lista de efectos secundarios, aparte que no te curan para lo que se supone que te los recetaron, te crean otras enfermedades, mejor dicho como dice el refrán sale más cara la cura que la enfermedad.

Hay que reconocer que obviamente, hay muchos medicamentos que son una verdadera bendición en la búsqueda de la sanación, el problema aquí es que muchos han perdido el camino y han decidido no usar los medicamentos como un recurso para sanar, sino como una empresa para lucrar y enriquecerse, llevándose por delante a mucha gente.

Y ni que decir cuando no contentos con esto se inventan más enfermedades como si ya no hubieran suficientes.

Ejemplo: ADHD O ADD para vender sus medicamentos envenenando no solamente a los adultos sino también a los niños, como lo dice este acertado articulo.

RITALIN, ¿UNA DROGA DE CONTROL SOCIAL?

Alarma por una enfermedad que Tal vez Ni existe, un remedio que sirve a los familiares, pero no a los pacientes, y una ola de drogodependencia legalizada: Es la última moda que nos amenaza desde Estados Unidos.

El niño no estudia. No escucha en clase. Los castigos no sirven para nada. No escucha nunca, tiene la cabeza en otro lado.

Millones de padres y maestros se están convirtiendo en camellos legales de sus hijos, administrándoles fármacos para domarlos, generalmente uno llamado Ritalin (fabricado por Ciba-Geigy, una división del gigante farmacéutico Suizo Novartis). Esto pasa sobre todo en Estados Unidos y en Canadá, pero como todas las modas ya está apareciendo en Europa.

La enfermedad

EN EE.UU. se llama Attention Deficit Disorder (ADD) o Attention Deficit-Hyperactivity Disorder (ADHD) - la llamada «hiperactividad». Los principales síntomas son la agitación y la falta de concentración.

Parece que la enfermedad de un niño empieza donde acaba el aguante de los padres y profesores.

No hay pruebas para la existencia de una enfermedad que pudiera causar el ADHD. No se han detectado nunca diferencias orgánicas en los cerebros de niños hiperactivos. No hay reacciones bioquímicas diferentes, y nunca se ha detectado anomalía cualquiera. El único «cuadro sintomático» en el que se apoyan los médicos para detectar la hiperactividad es el comportamiento.

El remedio

El fármaco más usado contra la hiperactividad es el Ritalin (en inglés, al factor activo se llama MPH - methylphenidate hydrochloride). Es un estimulante que tiene el efecto «paradoxo» de calmar personas agitadas. Fue descubierto en los años 40 y autorizado su uso por la FDA (Federal Drug Administration) del Gobierno de EE.UU. en 1956. Se puso de moda esta droga antigua sobre todo durante la última década (que adecuado es el inglés, en este caso: usa la misma palabra «drug» para droga y fármaco). Entre los años 1990 y 1995 se duplicaron el número de pacientes, de 1990 hasta hoy el uso de Ritalin se ha multiplicado por siete. Un 90 % de la producción mundial del producto es consumido en EE.UU. En este país, hasta 4 millones de niños toman Ritalin. Según la prestigiosa revista inglesa «New Scientist» el uso de Ritalin «es uno de los fenómenos farmacéuticos más extraordinarios de nuestro tiempo... En algunas escuelas, 15% de niños son diagnosticados con ADD o ADHD, y el reparto de Ritalin ya es parte de la vida diaria de colegio. »

Según Breggin, el único efecto de Ritalin es impedir el funcionamiento normal del cerebro -no se han detectado otras cualidades. El New Scientist reconoce que el Ritalin «calma a niños hiperactivos y hace más fácil tratar con ellos», pero en el mismo editorial advierte que «no hay ninguna prueba de que mejore su rendimiento escolar. » En estudios que duraron 14 meses no se detectó ninguna mejora en la escuela ni en la capacidad de relacionarse socialmente de los niños tratados con Ritalin.

¿Control social?

Entonces ¿por qué se usa? Calmar es la palabra mágica. A corto plazo Ritalin calma la actividad espontánea, creativa y autónoma de los niños. Son más obedientes y cumplen con tareas aburridas. Según Breggin, «no se tiene en cuenta la experiencia subjetiva del niño» al hacerle tomar el medicamento. Lo único que importa es el resultado, el comportamiento socialmente aceptable del niño. El niño no es sujeto, es objeto -y lo único que importa es que no moleste.

El problema -lo realmente grave es la facilidad con la cual nuestra sociedad acepta ser manipulada, acepta la solución fácil de la pastilla. El desespero de padres desbordados por un problema que no entienden es trágico- y quizás sea normal que busquen el camino de menor resistencia. Si el problema de su hijo es una enfermedad, nadie tiene la culpa. Pero replantearse comportamientos en la familia y en la escuela significa replantearse a sí mismo, replantear las instituciones que nos rodean. Es un paso que pocos se atreven a dar. Es más fácil empastillar al hijo.

Informe tomado de:

http://drogohezi.blogspot.com/2007/10/ritalin-una-droga-de-control-social.html

Ritalin, una droga muy similar a la anfetamina, es usada para que los niños sean más dóciles en la escuela; se les receta a los niños que son rotulados por algún maestro o algún psicólogo como "hiperactivos".

El Síndrome de Tourette es un desorden físico irreversible caracterizado inicialmente por tics y espasmos corporales y en sus etapas avanzadas se caracteriza por extraños balbuceos y por la emisión de sonidos como de ladridos [1].

Las advertencias del laboratorio indican que la droga Ritalin puede causar ansiedad, tensión, impedimento del crecimiento y desarrollo, náuseas, dolores en el abdomen, pecho o articulaciones, y aun epilepsia. El continuo uso de la droga, por otra parte, puede llevar a una severa depresión.

El 50 % de los niños tratados con Ritalin, como solución a su estado 'muy activo' en la escuela, fueron arrestados debido a que cometieron crímenes antes de cumplir los 18 años de edad".

"El problema no es que los efectos de esta droga no son conocidos por la comunidad médica, sino que esta información no llega a manos de los padres".

Algún día los profesionales de la medicina despertaran y se darán cuenta de que los problemas emocionales sin resolver, son la principal causa del 85 % de todas las enfermedades. (Dr. Erci Robins)

Ahora pues es justo, que si se habla de la medicina alópata, se hable también de la medicina alternativa, que se dedica por otra parte a trabajar con la persona, no con el concepto de enfermedad.

Esta modalidad por el contrario, busca entre la sabiduría antigua, la sanación, a través de diferentes medios como: el poder de las hierbas, las frutas, la energía, el ejercicio, la naturopatía, la espiritualidad, la habilidad natural del cuerpo de auto sanación, el control mental, nutrición apropiada, meditación, y muchas otras técnicas.

La medicina occidental se concentra en la parte química del cuerpo y la oriental en la parte eléctrica del cuerpo, hay que buscar el equilibrio. (Gary Craig EFT)

Reconozco que me llama mucho la atención la medicina alternativa, obviamente siempre teniendo en cuenta que hay que buscar los profesionales, que están preparados académicamente y son especialistas a conciencia de éstas prácticas, por que como en todo, también se encuentran personas sin escrúpulos que no tienen el conocimiento y profesionalismo necesario para trabajar en ésta área. También hay que admitir que algunos son profesionales, pero también usan ésta sabiduría para lucrarse deshonestamente de ella.

De todos modos, se aplaude y reconoce el maravilloso aporte de las terapias alternativas, médicos naturistas, naturopatas, biomagnetistas, medicina cuántica, acupunturistas, hipnotistas, reflexología y cualquier terapia alternativa que se practique con conciencia, profesionalismo y amor a la humanidad.

Ahora bien, cualquiera que sea la intervención médica que se utilice, lo importante es que dejemos el ego a un lado y reconozcamos, que no se trata de alimentar el ego y buscar quien tiene la razón, o la pócima mágica, si no que se trata de admitir que las dos corrientes están apagando el mismo incendio y que como buenos bomberos, no se deben pisar la manguera.

Pienso que es cuestión de madurez, aceptar que lo importante son los resultados, no, quien hizo el milagro.

Al final lo entendamos o no, los dos enfoques médicos se complementan mutuamente, no se excluyen de ninguna manera, al contrario se integran para dar paso a resultados maravillosos. Algunos hospitales, están usando la combinación de las dos terapias, lo llaman medicina integrada.

De hecho la medicina alópata y alternativa vienen del mismo recurso, del creador o Dios como le quieras llamar. No creo que, simplemente nos hayan tirado aquí en éste planeta, y miren haber como le hacen, y sobrevivan como puedan, sino que por el contrario, que se nos fueron dado los recursos para que nos sanemos, en todos los aspectos de nuestra existencia, mente cuerpo y espíritu.

Antes de entrar en materia también me gustaría tocar el tema de la religión, ya que es muy curioso escuchar a los clientes religiosos que llegan a mi oficina sintiéndose culpables de haber optado por la hipnosis, porque en sus iglesias les han enseñado que es pecado, asunto que cambia cuando les digo que la hipnosis es un estado natural de la mente humana y que en sus iglesias los mantienen bajo hipnosis, les explico ciertas características necesarias para caer en un trance hipnótico para que lo comprendan más fácilmente.

1. Para ser hipnotizado tienes que querer ser hipnotizado, es un acto voluntario.

2. Para hacer una inducción hipnótica hay diferentes formas y una de ellas es la ambientación, ejemplo, luces ambientales, música, la posición donde está el hipnotista y el hipnotizado etc.

Luego les pregunto vas voluntariamente a la iglesia ? me dicen sí.

Hay en tu iglesia un pulpito donde predica el pastor o sacerdote o cualquiera que sea el titulo del predicador ? contestan sí.

Hay un juego de luces en el pulpito ? La mayoría contestan, sí.

Hay música en tu iglesia cuando hacen los rituales y cuando se está predicando. La mayoría contestan, si

Ahora dime si encuentras parecido ese ambiente de tu iglesia a lo que va a suceder aquí. Primero, has venido voluntariamente hoy aquí ? contestan si, ahora voy a apagar la luz principal y voy a prender esta otra luz para que cambie la iluminación, y poner esta hermosa música y tu solamente escucha mi voz.

La mayoría de la gente cae inmediatamente en cuenta de que en las iglesias los hipnotizan, yo les confirmo lo que ellos ya entendieron y les digo, la diferencia es que yo te estoy diciendo que te voy a hipnotizar y les pregunto, ellos te lo dicen ?

Queridos lectores saquen ustedes sus propias conclusiones.

Ahora entremos en materia, como así que toda enfermedad física o mental viene de adentro hacia afuera?

Para que no se oiga tan descabellado lo que voy a decir, les recuerdo que trabajo como hipnotista especializada en regresión a vidas pasadas y les voy a contar un poco de mis comienzos para que haga más sentido.

Estudié 4 años Psicología conductista netamente científica, en una universidad donde nada que no fuera comprobable, verificable, sistemático, fiable etc. Era aceptado, muy buena la universidad por cierto una de las mejores en Psicología Conductista y científicos hasta el tuétano, como ellos lo decían aquí no hacemos Psicólogos sino científicos, muy agradecida con todo lo que aprendí.

Sin embargo, siempre pensé que los seres humanos somos demasiado perfectos, maravillosos y misteriosos, para poder resumir nuestra vasta conducta a un método científico, así que por debajo de la mesa leía libros de metafísica y parapsicología.

Y llegué a la conclusión, de que está muy difícil, estudiar el comportamiento del ser humano desde un punto de vista meramente científico, ya que desde el principio la definición de Psicología es una dualidad.

Analicémoslo:

El concepto de Psicología es el siguiente:

Psicología: Es la ciencia que estudia la conducta y los procesos mentales. Trata de describir y explicar todos los aspectos del pensamiento, de los sentimientos de las percepciones y de las acciones humanas. Por ser una ciencia la psicología se basa en el método científico para encontrar respuestas.

Ahora Etimológicamente, la palabra Psicología proviene del griego

Psique = Alma y **logos** = tratado.

Literalmente significa Ciencia del alma.

Pero es inaceptable, para la ciencia de la psicología utilizar la palabra ALMA al querer explicar el comportamiento humano, cómo utilizarla? si el alma no es algo tangible, verificable, comprobable, medible y todo lo que exige el rigor científico.

Entonces por lo tanto, basados en esto los invito a que rompamos las barreras del bloqueo con el alma y nos vayamos mas allá de lo físico y tangible y busquemos mas allá de lo que podemos ver con los ojos físicos.

Si quieres encontrar respuestas de la conducta humana, no estudies la conducta ya que la conducta es la consecuencia, estudia el Alma. (Luz)

Basados en que nosotros somos mucho más que éste cuerpo físico, que somos cuerpo, mente y espíritu, podemos deducir:

Que el comportamiento humano es la consecuencia del alma y que el físico con el que nacemos, (genética) es una consecuencia también del alma, así que, estaríamos hablando más allá de un concepto de ADN genético en un ADN del alma, aquí ya entramos en materia a hablar de la parte espiritual de un ser humano y de vidas pasadas.

Por qué el comportamiento y hasta el cuerpo en el que nacemos es una consecuencia de nuestra alma? Para contestar esto preguntémonos primero, será que Dios, el creador, la naturaleza, el universo son injustos? Porque unos nacen ricos y otros pobres? Porque unos nacen perfectamente sanos y otros con enfermedades o "defectos físicos", porque unos son "lindos" y otros "feos".

Pongo entre comillas, defectos físicos y feos por que en verdad es un asunto de apreciación o calificativo de una idea preconcebida, porque en realidad nadie es defectuoso ni feo.

No, no es que Dios sea injusto es que todo lo que somos es una consecuencia de vidas pasadas lo que llaman:

KARMA = Causa y efecto. También conocida como justicia divina o ley del equilibrio. De esta forma experimentamos y aprendemos de los resultados de nuestras acciones elegidas. Nuestras acciones físicas, verbales y mentales son causas y nuestras experiencias son efectos.

Somos la consecuencia de lo que hemos sido.

Nosotros somos creadores, creamos nuestro propio mundo y elegimos las experiencias que necesitamos vivir para poder crecer espiritualmente, Dios no nos castiga. Todo lo que somos es nuestra elección, para entender y evolucionar basados en la experiencia.

Siempre se nos da la oportunidad de aprender con amor las cosas pero si no lo entendemos, nosotros creamos dolor como una forma de aprendizaje. Más adelante en otros capítulos volveremos a tocar éstos conceptos.

(De aquí para adelante empezaremos a enlazar conceptos dichos anteriormente con otros nuevos, para facilitar el entendimiento de la relación de uno con el otro.)

Ilústremelo con un ejemplo.

Ejemplo:

Si somos blancos y no nos gustan los negros, o los chinos o cualquier otra raza, los despreciamos, humillamos o les causamos cualquier forma de dolor, lo más probable, es que en nuestra próxima vida, nazcamos en un cuerpo de la raza que despreciamos, porque es en nuestra propia carne donde tenemos que sentir el dolor que le causamos a otros, para poder entender que no tiene sentido causarle dolor a otro porque es diferente , porque necesitamos tener la experiencia de lo que criticamos o despreciamos para poder entenderlo. Y así sucesivamente con cualquier otra forma de discriminación o desamor que le demos a otro.

Al final todos venimos del mismo lugar, de un lugar luminoso, somos seres de luz, hechos de la más fina esencia, del Amor, de infinito amor. Te suena familiar? Dios es amor, ya se ha dicho muchas veces, con el montón de religiones que existen en todo el mundo, en algo que coinciden es en que Dios es amor, lo cual nos recuerda que nuestro origen y esencia es el Amor.

Ahora, lo que nos diferencia unos de otros son nuestras elecciones, ya que estamos dotados de el libre albedrío y por lo tanto tenemos derecho a elegir, y basados en nuestras elecciones creamos las experiencias que necesitamos vivir para poder aprender y evolucionar.

Entonces basados en el libre albedrío, tenemos derecho a escoger la luz sobre la oscuridad o la oscuridad sobre la luz. (Luego hablaremos de la luz y la oscuridad)

Nosotros podemos elegir ser honestos, honrados, ganarnos el dinero de una forma digna, ser justos, responsables, amorosos, honorables y todas las cualidades y virtudes que puede tener un ser humano.

Pero también podemos elegir robar, matar, prostituirnos, lastimar, violar, odiar ,mentir y todos las más bajas acciones que te imagines, que puede cometer una persona.

Cualquiera que sea el camino que nosotros elijamos, es respetado, precisamente por el derecho a elegir que se nos dio, ningún otro ser vivo sobre la tierra tiene éste derecho, ni las plantas, ni los animales, nosotros estamos llamados a gobernar la naturaleza. y en la parte espiritual ni siquiera los ángeles gozan de este privilegio, ellos solamente pueden seguir la voluntad de Dios.

Ahora, basados en las elecciones que nosotros hacemos, así mismo creamos nuestra realidad y creamos la película de vida que vamos a vivir, donde nosotros somos los protagonistas y las personas y las circunstancias que se nos presentan por el camino, son parte de la realidad que nosotros mismos creamos, necesarias para aprender lo que tenemos que aprender.

Entonces, que diferencia un asesino de una persona justa y honesta? lo diferencian sus elecciones, por que en verdad venimos del mismo lugar con el mismo derecho a elegir, y con la misma misión que es la de ganarnos la luz, cada día, cada hora, cada minuto, a cada segundo, debemos ganarnos la luz. De lo contrario nos estancamos o vamos hacia atrás, por que al igual que podemos evolucionar podemos involucionar.

Ahora pues, en que están basadas nuestras elecciones? En el grado de conciencia en el que nos encontremos.

Conciencia: Conocimiento de uno mismo, conocimiento que el espíritu humano tiene de su propia existencia, estados o actos. Conciencia se aplica a la ética, al "bien" al "mal" de nuestras acciones.

Retomando lo científico brevemente, la ciencia en su afán por explicar los fenómenos de la naturaleza y en el caso especifico la salud física y mental, realiza estudios científicos con diseños experimentales controlados y complicados, buscando respuestas a tantas preguntas del origen de la enfermedad y se llegan a conclusiones algunas veces también complicadas, que en muchos casos explican el origen de la enfermedad y en otros casos, no explican nada, y además, en ocasiones dejan más preguntas que respuestas.

Creo firmemente, que la sabiduría más grande se encuentra en lo más simple y sencillo.

Personalmente hablando de salud, me oriento más hacia las teorías que explican la enfermedad por medio de la energía y la espiritualidad.

Si el universo es energía, si todo lo que hay alrededor nuestro es energía y nosotros somos energía; es lógico pensar que la llamada "enfermedad" es una falla en el suministro de energía, o una interrupción temporal en el suministro de la misma y al alterarse el flujo de energía, como consecuencia viene la enfermedad.

Algo así como si la enfermedad es una forma de solucionar conflictos y creemos a nivel subconsciente que ésa es la solución, y con ésta creencia formamos una falla en el suministro de energía. Ya que como se sabe la energía no se destruye sino que se transforma. Pero si logramos encontrar dónde está la falla en el suministro, el por qué de ésta creación o donde se ha quedado atrapada energía en desarmonía, que no permite que fluya la energía vital libremente, podemos más fácilmente lograr corregir la falla en el suministro, para permitir que la energía fluya sin restricción y conectarnos nuevamente a la fuente de energía y luz inagotable a ese recurso Divino llamado Dios. Como quien dice, la desconexión con lo divino nos enferma, y en términos más exactos, más que una desconexión es el sentimiento de separación o de no pertenencia del recurso divino al cual pertenecemos, lo que nos enferma. Tiene lógica si recordamos, que somos un pedacito de Dios hijos de Dios, recuerdas?

Los seres humanos somos almas vivientes por tanto las enfermedades deben ser tratadas con este principio. (Allan Kardec El libro de los espíritus)

No se pretende dar aquí, la solución a todos los problemas de salud, pero si es mi deseo que amplíes tus horizontes, que abras tu mente a todos las posibilidades que existen, que reconozcas el poder que vive en ti y que recuerdes que estás conectado a un poder superior.

Al recordar que estás conectado a un ser superior, también recordaras que tu puedes sanar, que todo se te ha dado para ser feliz, que es cuestión de que tomes la decisión de ser feliz y hagas lo que tienes que hacer para materializar tu deseo.

LAS EMOCIONES Y SENTIMIENTOS

Mal entendidas, una buena
fuente de enfermedad

La Causa de todas las emociones negativas, reside en el sistema energético del cuerpo, por lo tanto causa un trastorno energético. Los Psicólogos y psiquiatras lo han buscado en la mente, por eso es que no lo han encontrado. (Gary Craig EFT)

En la perfección de como fuimos diseñados se nos dotó de emociones y sentimientos, pero en muchas ocasiones hemos entendido mal, para que se nos dieron ciertas características.

Las emociones y sentimientos son reacción del cuerpo, no del pensamiento. Cuántas veces hemos sentido que hay peligro al rededor o en algo que estamos haciendo, algunas veces hacemos caso de éste sentimiento y nos salimos del peligro, otras veces hacemos caso omiso y continuamos allí, ya sea en un lugar, en una relación, en una situación, circunstancia, etc.

Aunque sentir y pensar son dos procesos diferentes, ya que pensar ocurre en la mente y los sentimientos ocurren en el cuerpo, es también cierto, que si nos conectamos a un pensamiento, de una memoria pasada, también nuestro cuerpo se puede conectar con una emoción y puedes sentir un sentimiento. Haz de cuenta como cuando te sintonizas a una emisora de radio. Lo que ocurre aquí es que el pensamiento puede activar un sentimiento o emoción que ocurrió en el pasado ya que pasado y presente están conectados. En otras palabras aunque pensar y sentir son dos procesos diferentes, si están conectados entre sí, el pensamiento es capaz de conectarnos a la memoria, de un sentimiento que se ha tenido anteriormente.

También es verdad que no es el pensamiento, es el alma que sabe y por medio de las emociones y sentimientos nos avisa cual es el camino que debemos tomar, nuestro cuerpo nos guía. Entonces el cuerpo reacciona a señales ambientales y nos informa a nivel consiente como si fuera una señal de tráfico: amarillo alístate a detenerte, bájale a la velocidad, rojo detente, verde sigue, ése es el camino. El pensamiento, es el recurso que utiliza el alma, para informarnos, ya que el pensamiento es un atributo del alma.

Pero nosotros muchas veces hemos mal interpretado esto, o lo hemos ignorado, y con todo y el aviso en vez de seguir con cautela, detenernos o retroceder, seguimos adelante, o en otros casos en vez de seguir cuando la luz es verde, nos devolvemos o detenemos.

Y ni que hablar cuando dejamos que nuestras emociones se apoderen de nosotros, y reaccionamos sin control, quien no por lo menos una vez en la vida se ha dejado llevar por la emoción y hemos dicho cosas de las que después nos arrepentimos, o por el contrario nos hemos quedado mudos cuando en verdad teníamos que hablar, o cuantas veces no se llega a los golpes impulsados por una emoción?

Ahora bien, las emociones no son malas ni buenas, no son para evitarlas o negarlas simplemente son un medio de información que nos avisa que hay algo que tenemos que aprender.

Emociones y sentimientos : Amor, felicidad, duda, alegría, confusión, envidia, celos, miedo, frustración, timidez, vergüenza, rabia, impotencia, enojo, placer, afecto, simpatía, inquietud, aversión, agresión, tristeza, perplejidad, odio, decepción, admiración, deseo, valor, egoísmo, fe, rencor, venganza, lastima, crueldad, soberbia, pasión, compasión, optimismo, ternura, soledad, angustia, euforia, culpa y muchos más...

Cualquiera que sea la emoción o el sentimiento trae consigo un mensaje una señal. Las emociones y sentimientos son para sentirlas y experimentarlas no para reprimirlas ni guardarlas.

Ahora cual es la diferencia entre emoción y sentimiento?

Emoción = Es una reacción primitiva del cuerpo. Está más relacionada con el instinto.

Sentimiento= Es una reacción más elaborada y evolucionada que se percibe en el cuerpo, pero que tiene más conexión con el alma.

Todo lo que nos sucede en la vida tiene un propósito divino y tiene guardada una enseñanza, nosotros estamos aquí para aprender a través de la experiencia, todo es causalidad no casualidad, los accidentes no existen todo está perfectamente planeado para que tengamos la experiencia de vida que decidimos tener, toda experiencia tiene un propósito previamente determinado por nuestro plan de vida.

Cada vida es como una obra de arte perfectamente planeada y diseñada.

Así que pon atención a tus emociones y sentimientos y reconocerás, que hay un propósito divino detrás de ellas.

Siempre hay que lidiar con las emociones y los sentimientos, cuando las sientas dales la atención que merecen, no te las guardes. Como dice el dicho, tu cuerpo no es bodega, déjalas salir, permítete sentir, sé el receptor que experimenta y a la vez el que observa, porque me siento así? Que debo aprender?

Nunca guardes o ignores tu sentimientos o emociones, ellas no se desaparecen si haces esto, simplemente se quedan guardadas. Son energía que queda atrapada y se guarda en alguna parte de tu cuerpo físico o en el plano mental y como consecuencia tenemos lo que se llama enfermedad física o mental..

Has oído alguna vez la frase "Me tienes el hígado lleno de piedritas" Esta frase es pura sabiduría popular, porque es en el hígado uno de los lugares donde se acumulan los sentimientos de odio, rabia, frustración, represión, resentimiento, etc.

La energía en desarmonía localizada en esta área, luego termina convirtiéndose en enfermedad. Lo digo por experiencia en mi práctica como hipnotista, con casos donde la gente llena de emociones y sentimientos de dolor, localizan bajo hipnosis la energía en desarmonía en el área del hígado.

Y lo dicen muchos médicos sin fronteras, que ven a la persona como una creatura integral dotada de mente, cuerpo y espíritu, lo cual les ayuda a ver más allá de lo físico. Dicen amigos médicos, que ellos han visto muchos casos, donde la persona llena de odio, rabia frustración, etc. desarrollan cáncer y tumores malignos, donde no hay mucho que hacer por su recuperación, a nivel de medicina tradicional. Y otros casos "milagrosos" donde una intervención espiritual logra la sanación.

Esto no es nada nuevo, ya muchos en la comunidad científica lo saben, pero la sanación no es tan rentable, como tratamientos costosísimos para el cáncer o manejo de síntomas. Así que aunque se haya dicho y muchos lo sepan no se publica o reconoce esta información, mucho menos se hacen investigaciones al respecto, porque simplemente, no conviene a nivel de ganancia económica.

De hecho la ciencia médica nos dice que el stress mata, pero no es el stress el que te mata, sino la reacción emocional a la vida y nuestro fallo a lidiar apropiadamente con las emociones lo que mata nuestro cuerpo físico. (Dr.Heather Harder)

Ahora hablemos del maravilloso trabajo de las emociones y sentimientos, de cómo nos guían. Has escuchado alguna vez, que lo que dice una persona de otra es muchas veces el reflejo de su propio sentimiento? Bueno esto es, por que reaccionas más fuerte a los atributos que hay en ti mismo. Otra vez la energía en juego, se identifica la frecuencia vibratoria. de lo que ya hay en ti.

Ejemplo: Si te derrites de amor, cuando alguien es generoso, es porque la generosidad es una de tus características, si por el contrario te molesta que alguien sea tacaño es porque tienes que trabajar en ser más generoso.

Y si te encuentras a alguien por el camino de tu vida, que te dice cosas de tu propia personalidad que te enojan profundamente, tal vez te está haciendo el favor de decirte una gran verdad, que en el fondo tú sabes que es verdad, piensa, es posible que sea una gran oportunidad para cambiar, para crecer y aprender.

Por otro lado, debemos saber el rol tan importante que desempeñan las emociones y sentimientos, al ser exhibidas de forma inapropiada.

Ampliemos un poco esto. Si eres padre, maestro. instructor de niños, o desarrollas algún tipo de actividad que te relaciona con niños o simplemente, vives una experiencia donde tú eres el adulto y modelo a seguir, esfuérzate por trabajar en como expresas tus emociones, hazlo primero por ti mismo y luego por amor a los niños. Ya que es muy posible que los niños, no escuchen tus palabras ni mucho menos un consejo, pero sí, que sigan un modelo de conducta.

Si alrededor tuyo hay niños, por favor sé un modelo de conducta saludable y de cómo expresas tus emociones. Si estás enojado no tires tu enojo sobre otra persona, si estás sufriendo no salpiques a la gente con tu dolor, si tienes rabia no golpees a otro, no utilices la violencia en ninguna de sus formas, ni te esclavices a ningún vicio o mal hábito, para esconder tus emociones o sentimientos.

Y cómo lidiar con las emociones y sentimientos efectivamente?

Permítete sentir, permítete expresar tus emociones y sentimientos pero siempre procura reconocer, que tú puedes actuar como el que experimenta y a la vez el observador de ellas, no las enjuicies, no le pongas lógica ni raciocinio no controles nada solo siente y observa, para que puedas reconocer, que es lo que tienes que resolver o aprender.

Es importante saber que las emociones afectan tu frecuencia vibratoria, ellas pueden subir o bajar tu velocidad vibratoria, pero luego de que logres estabilizar tu centro emocional, rápidamente regresarás a tu nivel personal de vibración.

Si logras lidiar con tus emociones efectivamente, te será más fácil el tránsito por la vida, y a la vez serás un buen modelo de conducta para un niño, si es que la vida te ha puesto como guía de alguna creatura en crecimiento.

Pero si por el contrario si eres una emoción andante, si no puedes lidiar con ellas, si juzgas tus sentimientos y emociones. Es posible que aparezcan emociones y sentimientos de auto condenación que afectarán tu frecuencia vibratoria a más alto nivel, o por más largo tiempo. Muchas veces no es la primera emoción, si no la reacción secundaria a la emoción, la que tiene los efectos negativos en la salud de la persona.

Ocultar tus sentimientos reprimirlos, ignorarlos, es irte derechito por el camino de la enfermedad, al almacenar toda ésta energía que no fluye libremente, estás haciéndote candidato a una enfermedad física o mental o las dos.

Hay gente, que ha guardado sentimientos y emociones por tanto tiempo que ya no sienten, y confunden el sentimiento con el pensamiento

Haz un espacio en tu vida para de ahora en adelante, darle la importancia que se merecen tus emociones y sentimientos. Vívelas y experiméntalas sin miedo, reconoce la enseñanza que tienen para ti, Siéntete agradecido por tener la oportunidad de experimentar tu vida y aprender a través de ellas. Disfruta de tú condición humana y del placer de sentir.

Hay tanto por aprender, por descubrir y experimentar por medio de los sentidos, que la mejor actitud que podemos tomar es la de alguien que aprecia y entiende el gran valor de la información que ellos nos proporcionan.

Sentimos y experimentamos con el cuerpo, para que evolucione nuestra alma.

EL DESAMOR

La principal fuente de enfermedad

Como dije anteriormente, aunque hay muchas religiones todas coinciden en algo, en que **Dios es Amor,** y nosotros como creaturas de Dios estamos hechas de puro amor, del más fino material que existe, si lo podemos llamar así. Antes de profundizar en éste tema, citaré una frase que me dio una gran amiga.

El ser humano está hecho de Amor, Luz y Energía perfecta y es de la única forma de la que puede ser entendido. (Roma Polanska)

Entonces, basados en esta premisa, podemos deducir, que todo lo que sea contrario al amor o sea el desamor, va en contra de nuestra naturaleza y es causante de enfermedad, o de cortos circuitos en nuestro suministro de energía, si lo hablamos en términos energéticos.

Por qué hablar de energía cuando hablamos de los seres humanos?

Bueno, porque todo en el universo es energía, nuestro cuerpo es energía, los espacios guardan energía, toda las cosas físicas son energía y antes de ser cualquier cosa física, se es energía.

En medicina oriental se trabaja con la energía de las personas para sanación, la acupuntura por ejemplo está basada en los puntos energéticos del cuerpo. La medicina occidental está más enfocada en la parte química del cuerpo, por eso es más popular usar la farmacología. Pero también la medicina occidental usa la energía como método de diagnostico y algunos tratamientos ejemplo:

Electro- cardiograma = mide la actividad eléctrica del corazón

Electro – encefalograma = mide la actividad eléctrica del cerebro

Monitor de signos vitales = Detecta la actividad eléctrica del cuerpo, a través de la piel.

Por lo tanto, no cabe ninguna duda de que somos energía y es un buen recurso, el de trabajar con la energía para sanar.

Analicemos ahora esto, de que somos amor. Desde el momento de nuestra concepción, lo ideal es que seamos concebidos por medio de un acto de amor. Pero también, hay muchas concepciones que son el resultado de actos violentos como una violación, o actos sexuales sin tener el objetivo de concebir. De cualquier forma, cualquiera que sea la forma en que hemos sido concebidos, siempre hay un lazo divino que nos une entre padres e hijos.

Ese ser que ha elegido venir a ésta dimensión a través de nosotros, ya tiene un lazo de amor con nosotros, ya que cualquiera que sea la interacción que debemos tener con nuestros hijos, o ellos con sus padres, siempre nos une el amor.

Fácil de entender cuando fuimos concebidos por medio de un acto de amor, pero cómo así, que un lazo de amor me une a un hijo que fue producto de una violación, o un hijo no deseado, producto de simple pasión, de hacer mal las cuentas o de no usar un método anticonceptivo.

A nivel espiritual tiene más sentido. Ya hemos dicho que nada es por **casualidad** es por **causalidad**, aquél que es producto de una violación, o hijo no deseado por falta de anticonceptivos, es tan hijo del amor, como el que fue concebido siendo deseado y de dos seres que conscientemente se aman, ya que al final todo se debe convertir o transmutar en puro amor. Porque los lazos que nos unen a otros seres humanos y que nos hacen re-encontrarnos, son con el objetivo de purificar el amor.

Sólo el amor es real, el resto es pura ilusión. (Un curso en milagros)

Desglosemos más éste concepto:

Si una creatura fue concebida con un acto de violencia o por hacer mal las cuentas, o de un encuentro sexual casual etc., solo en apariencia no fue concebido con amor y consentimiento de las tres partes, pero a nivel espiritual todos estuvieron de acuerdo que fuera así. Por amor.

A nivel espiritual no hay errores todo está perfectamente planeado.

Siempre hay una razón divina por la cual llegamos a éste mundo, a nivel espiritual hay un contrato divino entre los padres y los hijos. Los hijos escogemos a los padres y los padres están de acuerdo con esto, todo debe ser purificado por medio del amor, y muchas veces la sanación se debe conseguir amando a nuestro peor enemigo.

Cada persona elige sus padres y las circunstancias de su nacimiento y de vida que va a tener, todo está sutilmente entrelazado, y a nivel subconsciente donde está la memoria infinita, a la que podemos tener acceso por medio de la hipnosis, está guardada toda ésta información, cualquiera la puede recordar.

Ejemplo : Si en vidas pasadas me quedé con una deuda kármica, con alguien a quien le hice mal, es posible que elija nacer como su hijo y ésta persona haya elegido también para purificarse ser mi padre o mi madre, porque al final, todo se debe convertir en amor.

Si fui el victimario de alguien, ya sea maltrato físico o emocional o asesinato, puedo elegir ser el padre de ésa alma que maltraté, para tener la oportunidad de cuidarlo y protegerlo.

Si fui un hombre que abusaba de las mujeres, alta probabilidad de nacer en el seno de una familia donde el padre sea un abusador y posiblemente en el cuerpo de una mujer, debo sentir en mi propia carne el dolor que le cause a otros para entender y avanzar.

Si supiéramos que al lastimar a otros, nos lastimamos a nosotros mismos pararíamos éste círculo de dolor. (Luz)

Si abandoné mis hijos en otra vida, alta probabilidad de que nazca como hijo de quien abandoné y me abandonen, debo sentir en mi piel el dolor que les causé a otros para entender.

Si juzgué, maltrate, abuse a alguien o algunos que eran homosexuales, alta probabilidad de que pida nacer homosexual, y nacer en una familia donde me rechacen por serlo.

Y así, sucesivamente, las combinaciones que pueden existir son infinitas, para dar paso a la oportunidad de convertir el dolor en amor.

Algunas personas pensaran, entonces es que Dios nos castiga por haber maltratado a otros, ahora nos ponen a sufrir también lo que le hicimos a otros.

NO, en ningún momento es un castigo. Ya lo hemos revisado anteriormente, Dios es infinito amor. Cómo siendo puro amor, va a desear que nosotros suframos o causarnos dolor, o castigarnos, por supuesto que no, nosotros como seres de amor tenemos siempre la oportunidad de aprender por medio del amor, pero cuando no lo podemos entender, nos causamos dolor a nosotros mismos con nuestra inconsciencia, como medio de aprendizaje. **Cada vez que lastimas a alguien, te estás lastimando tú mismo, todos somos UNO.** Es una forma de transformar la conciencia humana.

A través de la interacción humana, nuestra conciencia se transforma y se eleva. Si eres capaz de entender esto, te va a ser más fácil amar a tu prójimo y alivianar tu camino.

Al final todos somos hijos del amor de Dios, y siempre cualquier retorno a un cuerpo físico, es una oportunidad que nos da el creador para aprender cosas nuevas y para corregir, lo que tengamos que corregir.

Difícil de entender? Tal vez, ya que los seres humanos no entendemos los caminos de Dios y nosotros le tememos a lo que no entendemos y hasta algunas veces, no sólo no lo entendemos y le tememos si no que, hasta lo juzgamos. (más adelante hablare del juicio).

Para los que lo entienden y para los que no lo entienden, son las mismas reglas. La decisión siempre es tuya. Recuerda somos creadores, todo lo que creemos es lo que creamos.

Creer en Dios es crearlo y crearlo, es tener la certeza de que somos parte de él. (Luz)

Ahora bien, si nos ponemos a pensar donde empiezan todos los problemas de la humanidad, nos daremos cuenta que todo el dolor empieza en el desamor, y todo el desamor termina en enfermedad, siempre hay algo que tenemos que sanar. A continuación daré unos ejemplos para ampliar ésta idea.

Analicemos:

Guerras = Desamor, Un país tiene petróleo pero no lo quiere compartir con otro, le cobra caro, manipula. El otro se lo quiere quitar etc. Si se forma una guerra, es por desamor por no querer compartir por no resolver el conflicto, por no amarse mutuamente y compartir o intercambiar, los recursos.

Odio = Desamor
Envidia = Desamor (con uno mismo y con otro)
Maltrato= Desamor
Abuso = Desamor
Asesinato= Desamor
Egoísmo= Desamor
Robo= Desamor
Violación= Desamor
Infidelidad= Desamor
Enriquecimiento ilícito= Desamor
Discriminación= Desamor
Intolerancia = Desamor

Cualquier dolor, trauma, enfermedad, sufrimiento del ser humano es causado por el desamor, por la sencilla razón de que somos creaturas hechas de puro e infinito amor y **todo lo que sea desamor nos enferma.**

Por lo tanto todo lo que sea amor, nos **SANA**. Es simplemente nuestra naturaleza divina. El Amor es lo que nos conecta con mundo superiores, el milagro del Amor es el que todo lo puede, todo lo transforma, todo lo **SANA**.

Mírate a ti mismo en lo más profundo de tu corazón y descubrirás que cualquier tipo de dolor, sufrimiento o enfermedad que tengas o hayas tenido ha sido causado por el desamor, mira a tu vecino y verás que lo que a él también lo aqueja, es producto del desamor. Mira a las naciones, a la gente que sufre guerras, hambrunas, injusticia, abusos, y verás que la causa, es el desamor de los unos a los otros.

Porque me abusaron, lastimaron, castigaron, no me dieron, me envidiaron, discriminaron, aislaron, robaron, engañaron, violaron, echaron, me hicieron o no me hicieron... y de ahí para delante haz tu lista, y te darás cuenta que fue porque no te amaron o te sentiste no amado lo que causó tu dolor.

Todos estamos unidos por los finos e indestructibles lazos del amor.

Todos somos puro amor y cualquier cosa que no venga del amor, nos desestabiliza, nos debilita y afecta nuestra salud.

Te preguntarás y qué de aquellos, que me encuentro por el camino de mi vida, que me han hecho la vida de cuadritos, que es puro conflicto, que nos llevamos mal, que me han lastimado. A ésos también los tengo que amar?

Piensa, que Amar a quien es fácil de amar, tiene su mérito, pero que el verdadero mérito está, en amar a quien es difícil de amar, allí, es donde tu espíritu se eleva. Ya que amar a quien es fácil de amar cualquiera lo hace, algo tan sencillo no requiere de ningún esfuerzo. Amar a alguien con quien me llevo a las mil maravillas, amar a un hermoso bebe, que desee que llegara a mi vida, Amar a gente con la que vibro en la misma frecuencia, es fantástico, pero el verdadero crecimiento espiritual está, en el esfuerzo por ganarme la luz, en poder amar a aquel que me la pone difícil para amarlo.

Es nuestra responsabilidad saber, que en el camino de nuestra vida, nos encontramos con espíritus elevados, espíritus en conflicto, y espíritus malvados, Ámalos a todos con sabiduría. (Luz)

Qué crees, que es lo que necesita alguien que te hace maldades? Amor, eso es lo que necesita. Hay tanto desamor y conflicto dentro de ésta persona, que te da de lo que tiene, desamor.

Dependiendo el caso, algunas veces, tienes que bajar la guardia y darle amor y es posible que lo desarmes, con tu amor. Otras veces, hay que darle amor fuerte y decirle lo que le tienes que decir a ésa persona, para que le hagas el favor de darle un mensaje y se entere, de lo que está haciendo y lo ayudes a que se haga consciente de su falta. Obviamente, de una forma proactiva y no reactiva. Ser reactivo es fácil, cualquiera lo hace, eso nos sale natural.

Pero se requiere de más esfuerzo ser proactivo, ésta conducta demanda de una dosis más fuerte de energía positiva, de valores elevados, de sensibilidad, de conocimiento, de táctica, de sabiduría, de amor.

En fin... de EVOLUCION!

Al hablarle claro a una persona que te está lastimando de cualquier forma, le estás haciendo un favor a ésa persona y te estás haciendo un favor a ti mismo, estás buscando la solución al conflicto.

No hay que confundir proactividad con apapachamiento, con consentirse uno mismo y consentir al otro y seguir en el mismo error, proactividad es asumir responsabilidad de su propia conducta. Es crecimiento continuo.

En el momento que nos responsabilizamos de nuestros actos, nuestro espíritu se engrandece e inevitablemente viene el crecimiento acompañado de sanación. (Luz)

Asegúrate de hablar con el corazón, con amor a ti mismo y a la otra persona, con dulzura, pero con carácter; con términos educados y con respeto. Si logran solucionar su conflicto, habrán crecido los dos, si ves que la otra persona no está receptiva, esto es una clara señal de que hay que amarla de lejos. Porque así, es cómo identificas cuando es momento de quedarte y trabajar más en la relación o cuando es momento de dejarla ir y amar a la persona como tu prójimo que es, pero de lejos.

Sí, hay personas en la vida que hay que amarlas de lejos, están, tan llenas de conflicto que te salpican de sus conflictos. La única razón por la cual se debe mantener una relación de cualquier índole, es por crecimiento, porque estás ayudando crecer a alguien, o ése alguien te está ayudando a crecer a ti, o hay crecimiento mutuo. Nunca te quedes en una relación de no crecimiento, porque habrás decidido, vivir en la disfuncionalidad.

En caso que decidas dejar ir a la persona de tu vida, pon distancia de por medio, algunas veces la distancia, tiene que ser física por que la desarmonía, el conflicto, el dolor es muy grande y la única forma de sentirte a salvo y de estar a salvo, es poniendo tierra de por medio.

Recuerda, que ésta persona por más que te haya causado daño, sigue siendo tu hermano/a, envíale amor desde lejos, perdónalo/a, deja ir el dolor, no lo necesitas, quédate con la sabiduría, con el conocimiento. Perdona aunque no te pidan perdón, tómate tu tiempo para sanar, procesa todo tu dolor y luego libérate de él. Al perdonar, te liberas a ti mismo y liberas a la otra persona.

Debes saber que, perdonar no significa reconciliación, ni tampoco justificación de los actos que han causado dolor. Perdonar es , dejar ir el dolor, SANAR y seguir adelante.

El Perdón es el borrador de la culpa y el miedo, el perdón nos libera del control, que otros, tienen sobre nosotros.

Hablemos ahora de la llamada depresión :

Clínicamente la depresión está clasificada en dos:

1. Depresión endógena:

A nivel clínico, la explican como una patología con compromiso orgánico, o sea que es producida por una falla en la producción de químicos en el cerebro, y es considerada en muchos casos de origen genético.

Algo importante, es que el individuo parece estar la mayoría del tiempo depresivo sin una razón aparente, que justifique la depresión.

La forma típica de tratar ésta enfermedad es haciendo manejo de síntomas con medicamentos, en la mayoría de los casos no por un tiempo, sino por el resto de la vida de la persona, y con suerte psicoterapia.

En otras palabras la "cura" la enfocan en el exterior de la persona, no en el interior, donde verdaderamente está la causa.

Basada en mi experiencia como hipnotista, la llamada depresión endógena es una enfermedad del alma, asuntos sin resolver de vidas pasadas que causan un profundo sentimiento de tristeza, de culpa o de no merecer, hasta el punto de no querer estar aquí. Por eso los pensamientos recurrentes de suicidio en muchos de los casos.

El día que se inventen una pastilla que pueda sanar el alma, ése día las pastillas funcionaran y la depresión endógena, exógena, y todas las enfermedades mentales desaparecerán. (Luz)

Pero mientras eso sucede, y no sé cuando se inventaran las pastilla más bien se que no va a suceder, en mi opinión hay que trabajar a nivel espiritual. Nunca debemos olvidar, ni tener dudas de que el amor es la medicina del alma.

Esto aplica, para experiencias en ésta vida y en vidas pasadas. He aquí la explicación, de por qué la gente SANA con terapia regresiva, al devolverse en el tiempo y encontrar el evento donde se quedo ésta energía en desarmonía y resolver el conflicto, se encuentra la raíz del problema, al cortar la raíz, desaparecen los síntomas. Estoy hablando de enfermedad mental y física. El tiempo y el espacio son medidas humanas, pero en verdad no existen. **Tú propio amor es tú sanación.**

2. Depresión Exógena: Sentimientos de tristeza causada por un evento conocido en la vida de la persona.

Lo dicho anteriormente también aplica para la depresión reactiva o exógena,

Yo prefiero llamarla, hábitos de tristeza en los dos casos. Ya que la persona al no resolver el conflicto interno de lo que le causa su profunda tristeza, crea un hábito a nivel mental de malestar interno que se manifiesta en lo externo por medio de su conducta, sus niveles de energía son bajos y por lo tanto vibra bajo, creando a su alrededor todo un ambiente que alimente esa baja vibración, incluyendo obviamente su cuerpo físico, para ser más exacto su cerebro, lo cual significa que a consecuencia de su baja vibración, la producción de los químicos en el cerebro se desequilibran y ésa es la evidencia física que encuentra la ciencia para explicar la depresión.

Aquí aplica el concepto de mente sobre la materia, nuestra mente es capaz de controlar la materia de nuestro cuerpo.

El cuerpo humano tiene la parte eléctrica y la parte química, y como somos energía, la parte eléctrica es la que controla la parte química.

Enlacemos información revisada anteriormente, si no tengo la solución a un conflicto adquirido en el pasado, mi mente crea enfermedad como una falsa manera de resolverlo. Para que se enferme mi cuerpo primero se tiene que enfermar la mente, y para que se enferme la mente primero tiene que enfermarse el alma.

Al final hay que reconocer que en las ruedas del alma se nos olvida, con el sufrimiento y el dolor que creamos a nuestro paso por cada vida, que nuestra verdadera esencia divina es el amor en el momento que recordamos lo que somos (amor) sanamos.

Toquemos el tema de la niñez:

Los peores traumas de un ser humano ocurren en la niñez, por que los niños desde su nacimiento hasta la pubertad están el 75 % de su diario vivir en estado de hipnosis, como se dijo anteriormente : toda emoción , imagen y sentimiento queda grabada en la mente subconsciente y estando en un grado tan alto de hipnosis toda esta información va directo a la memoria subconsciente, y queda almacenada allí, si hay eventos que han sido difíciles de procesar para la creatura se dormirán en el tiempo, pero no se desaparecen y estos conflictos sin resolver son los que causan enfermedad, en la adolescencia o ya en la vida adulta.

Después de la pubertad, los niveles de hipnosis empiezan a bajar paulatinamente, hasta quedar más o menos en la edad adulta en un estado de hipnosis del 30%. Esta es la media, porque algunos están en estados y porcentajes más altos.

Esto sucede, porque a partir de la pubertad, empezamos a tener filtros como el raciocinio, el juicio, y la lógica y esto es lo que hace, que los niveles de hipnosis bajen.

Quiere decir esto, que sin los filtros antes citados en la etapa de la niñez somos más susceptibles a las experiencias negativas. Por éste registro en la memoria, de acontecimientos negativos se incrementa la posibilidad futura, de que cada vez, que por medio de la interacción humana y del mundo externo, se conecte o sintonice por medio de la energía a este recuerdo, se desencadene dolor, que será exteriorizado de diferentes formas : tristeza, ansiedad, enojo, miedos, vicios, manías....

En términos clínicos les llaman traumas, en términos energéticos le llamo energía en desarmonía atrapada sin procesar, en términos espirituales sería, el cuerpo del dolor.

Por eso hay que destacar la importancia de criar con amor a los niños, hay que tener mucho cuidado como se le habla y qué modelo de conducta se es para un niño. Del amor o desamor con el que se le comuniquen las cosas, o de la exposición que ellos tengan a eventos diarios en su vida, depende la salud de esta creatura en el futuro.

Recuerda si le das amor al niño no sólo estás colaborando a su desarrollo sano en el futuro, sino de ti mismo, de tu propia salud, todo es cíclico, todo se devuelve.

Todo lo que yo le doy al universo y a sus creaturas, se me devuelve, todo regresa a su punto de partida, las maldiciones o bendiciones llegan al punto de donde partieron.

Si le dices a un niño te amo, eres lindo, inteligente, tú puedes, te quedó muy bien. O te quedó bien, pero si le corriges podría quedarte mejor, yo te voy a enseñar para que te salga mejor, con la práctica puedes lograr perfeccionarlo, sólo corrígelo y te darás cuenta que si puedes, pon atención y lo lograrás, el límite es el cielo, todo lo que quieras ser lo podrás ser, estoy contigo, no estás solo, etc.

Si lo corriges con amor sin lastimarlo, esto incrementa las posibilidades de que tengas un niño, que habiendo sido alimentado, con su materia principal el amor, tenga una más grande posibilidad de desarrollar todo su potencial. Y tú habrás cumplido con tú misión, de por qué te encontraste, con éste niño por el camino de la vida, ya sea como tu hijo, tu alumno, tu vecino, cualquiera que sea el rol, que desempeñes con él.

Pero por el contrario si le dices bruto, lento, estúpido, no sabes nada, no puedes, feo, lo maltratas, lo abusas etc. le darás un mensaje de desamor, que va en contra de su naturaleza y de la tuya.

Al lastimarlo a él, te habrás lastimado a ti mismo.

Debes saber también, que una mentira repetida por mucho tiempo se puede convertir en una verdad.

Ejemplo:

Si le dices a un niño, bruto, no sabes estúpido, bruto no sabes estúpido y lo repites una y otra vez, el niño termina creyéndoselo, y al final no querrá ni intentar hacer las cosas. Se creyó la mentira que le dijeron y la tendencia de la mente es a confirmar lo que cree.

Esto funciona también con los adultos. Tomó el ejemplo con los niños, pero en verdad así funcionamos también los adultos. Así que si te encuentras en una relación, abusiva, disfuncional, tóxica, donde todo el tiempo te maltratan piensa que, esto te puede estar sucediendo. Toma la decisión de amarte a ti mismo infinitamente y de nunca aceptar nada, que no venga del amor, tú decides si sigues ahí.

Si decides, quedarte ahí, es porque no te amas a ti mismo y vibras en la misma frecuencia energética del desamor que te están dando, si decides amarte a ti mismo y romper las cadenas del desamor, habrás decidido, con el principio del amor, que es lo que tú eres.

Ahora, permítanme contarles una historia muy apropiada para éste tema, del amor a ti mismo y a los demás.

Había una vez, un sabio dando enseñanzas a unos jóvenes, uno de ellos, muy escéptico, quiso poner a prueba a su maestro, y le dijo:

Enséñame la sabiduría más grande que existe en el universo, en el tiempo, en el que puedo estar parado en un solo pie.

El maestro miró a su alumno, que estaba parado en un solo pie y le dijo:

AMA A TU PROJIMO, COMO A TI MISMO, EL RESTO, SON COMENTARIOS. AHORA, VE Y APRENDE.

EL EGOISMO

Un buen recurso para perder el tiempo, en el despertar de tu conciencia

Si buscas en el diccionario encontrarás, que la definición de egoísmo es: amor excesivo hacia uno mismo, que te lleva a preocuparte sólo por tú propio interés.

Pero, si desglosamos la palabra a nivel, Etimológico sería:

Raíz Latina: **Ego** = Yo

Sufijo: **Ismo** = Sistema, doctrina.

Entonces teniendo en cuenta su etimología el **Egoísmo**= es un sistema o doctrina basado en uno mismo. O sea un sistema de interacción, en el cual, la persona actúa, desde su propia identidad.

Personalmente, creo que la definición de excesivo amor a uno mismo está muy lejos de describir lo que es el egoísmo, yo me voy más bien por la definición etimológica.

Para empezar, el amor nunca va a ser excesivo, yo diría que el egoísmo es carencia de amor a uno mismo.

Analicemos:

Cómo yo me identifico a mí mismo, es cómo me comporto con los demás, si me identifico con carencia dentro de mí, como puedo dar de lo que no creo que tengo, si no me creo capaz de lograr las cosas por mi mismo es lógico que piense en pasar por encima de los demás para lograr lo que quiero lograr, si no me creo capaz de brillar con luz propia sin tener que opacar a los demás, pues busco la forma de ensombrecer a los otros para yo brillar.

Para mí, el egoísmo tiene que ver con desamor y desconfianza en uno mismo, con creer que no podemos conseguir las cosas sin dañar o lastimar a otros, con creer que no tengo suficiente para ser generoso y dar, con un sentido de desconexión con lo divino, si la persona se siente conectada con lo divino, confiará en que la divinidad, nos proveerá a todos lo que necesitamos.

El egoísta tiene un sentido de escasez en vez de un sentido de abundancia, en pensar que no hay suficiente para todo el mundo, el egoísta está falto de fe y de saber que no estamos solos, que todos estamos interconectados y que dependemos uno de otros.

Nadie da de lo que no tiene, Cómo puedes dar? si no tienes, o crees que no tienes, cómo puedes dar amor si no lo tienes por ti mismo? Cómo puedes ser generoso si crees que no tienes para compartir.

Y a nivel de cosas materiales, el avaro, el tacaño, está ligado con la decisión de no querer dar. Un sabio dicho popular lo explica muy bien. **No da el que tiene, sino el que quiere.** Teniendo cosas materiales, decide no dar, por su pobreza espiritual, por la no identificación de pertenencia a una sola unidad. Todos somos UNO, el egoísta no lo sabe, o más, bien no lo recuerda.

Y por éste no recordar, no avanza, hacia el camino del despertar de su conciencia. Pierde valiosas oportunidades de interactuar con sus hermanos y por lo tanto pierde tiempo y empieza a dar vueltas en las ruedas del alma. Acumulando deudas kármicas.

Sin saber que por ésta identidad distorsionada de carencia espiritual, sólo se está haciendo daño a sí mismo, ya que le falta descubrir que **TODO ES CICLICO**, que todo lo que siembras recoges, lo que envías al universo se te devuelve.

Es la pobreza espiritual, la identificación con uno mismo de pobreza interna, lo que nos hace interactuar con los demás de forma egoísta, el profundo sentimiento de no pertenencia con las otras personas, lo que no nos permite compartir y en muchos casos, lastimar a otros para lograr lo que queremos lograr y saciar ése vacío interno.

El Egoísta Además también ignora, que **NADA ES DE NADIE** las riquezas, los bienes físicos, el dinero, el conocimiento, el poder sólo son recursos que se nos dan, para desarrollar nuestra misión en la tierra.

Si no lo crees, mira a los millonarios, poderosos, intelectuales que se mueren y te darás cuenta que nada era de ellos, que lo único que se llevan, es el amor que dieron a otros en cualquiera de sus formas y el amor que recibieron de otros; o por el contrario si no dieron amor, o no recibieron amor, eso es lo que se llevan, ése sentido de desamor.(más adelante se ampliara éste concepto)

Al negarnos a compartir lo que se nos ha dado; Amor, talentos, virtudes, dinero, poder, riquezas , nos enfermamos a nivel espiritual y esto da como consecuencia también, la enfermedad mental y física.

Y nombro primero la mental, porque en realidad para que el cuerpo físico se enferme, debe estar primero ya enferma la mente y para que la mente se enferme, debe haber un conflicto a nivel espiritual. (otro enlace, un concepto ya revisado) Mente, cuerpo y espíritu deben estar en armonía para que haya salud.

Hay gente, tan pobre pero tan pobre, que lo único que tienen, es mucho dinero en el banco. *(anónimo)*

Por eso **SANA**, no pierdas más tiempo en el despertar de tu conciencia, no temas compartir, identifícate con el poder que vive en ti, con la riqueza espiritual, con el pedacito de Dios que eres tú.

Identifícate como parte de un todo, tú importas, tu cuentas, tú aporte a la humanidad es importante, tú no estás sólo, formas parte de un todo, no te identifiques con la miseria, sino con la abundancia y da sin tener miedo a dar y a amar.

Tu Solamente te puedes dar a ti mismo. (Un curso en milagros)

Al final sólo te estás dando a ti mismo, ya que no es por casualidad que te encuentras a las personas que te encuentras por el camino de tu vida; cada persona que se cruza en tu camino, desde el encuentro más especial que hayas tenido, hasta el encuentro más fugaz con alguien, tiene una razón de ser.

Todo encuentro con otro ser humano es un momento santo.

Hay que estar listo a reconocer la santidad de cada encuentro, es posible que una sonrisa dada a alguien en el camino, pueda alegrarle el día, o darle un mensaje que aliviane sus cargas.

Raramente nos despedimos para siempre de las personas, más bien estamos en un continuo reencuentro, algunas veces somos capaces de reconocer gente a nivel consiente, con las que hemos compartido en otras existencias, desde que se ven los encuentros son muy especiales, y otras veces aunque no se tenga conciencia de que es un reencuentro también se reconocen, a nivel subconsciente.

Piensa que sólo a través de las relaciones humanas, de la continua interacción con los demás, se produce el crecimiento a nivel personal y espiritual. Mira la naturaleza al rededor interactúa con ella mira a tu hermano, reconócete en él, que importa el color de su piel, estatura, nacionalidad, idioma, costumbres, sexo u orientación sexual. Estos matices son los que enriquecen al mundo, la diversidad cultural, las diferencias físicas y mentales son las que nos hacen maravillosos.

El conocimiento es infinito, y cada vez que interactuamos con alguien es una oportunidad de aprender algo nuevo, aprendemos tanto de las experiencias bonitas o placenteras como de las experiencias dolorosas.

Leí una vez que Los **Seres humanos nacemos simples e ignorantes (El libro de los espíritus)** pero yo opino que simples y aparentemente ignorantes, ya que traemos una serie de información en el ADN de nuestra alma, que nos permite ir desarrollando más habilidades y adquirir más conocimiento. Información que nos ayuda a reconocer verdades, rechazar lo que nos lastima, elegir, aprender más, corregir, y todo esto lo podemos hacer, gracias al gran recurso de la interacción humana. Así que también se me ocurre que nacemos libres e ignorantes pero, nosotros decidimos si nos morimos ignorantes.

De que otra forma podría ser el crecimiento espiritual, si no es con la interacción con nuestros semejantes, la naturaleza y el universo? Imagínate a ti mismo, en un espacio vacío, lleno de nada, bueno no sé si podríamos aprender, pero definitivamente sería muy aburrido.

Así que celebremos que estamos a acompañados, respetemos la diversidad, toleremos las diferencias, disfrutemos de las similitudes, agradezcamos nuestra riqueza, aprovechemos la capacidad de compartir, Un viva para el convivir y el coincidir !

QUE VIVA LA INTERACCION!!!! Nunca tengas miedo a dar.

LA SALUD NO ES UN ESTADO, ES UN PROCESO

Como todo en la vida no lo tenemos que ganar, también nos tenemos que ganar el estado de salud; nosotros somos creadores, desde que nacemos, ya traemos como se dice a nivel científico, una carga genética.

Como se describió al principio la carga genética es a nivel espiritual ADN del alma, que al estar en un mundo físico, se expresa a nivel físico en un cuerpo físico. Pero desde que nacemos todas las características físicas con las que nacemos y las circunstancias que nos rodean, son el resultado de un proceso anterior, al nacer o retornar, tenemos una nueva oportunidad de continuar con este proceso.

Ahora pues, analicemos las áreas que debemos trabajar para poder a través de un procedimiento llegar a un proceso y decir que hay un buen estado de salud, o por lo menos lo que se llamaría un estado saludable. Y digo llamaríamos, porque si estamos reencarnados, siempre tendremos algo que sanar.

1. Nutrición
2. Ejercicio
3. Área espiritual
4. Área Mental (lo que piensas)
5. Área Emocional (lo que sientes)

Y muchas áreas más... pero nos enfocaremos en éstas cinco.

Desde el lado que nosotros empecemos, siempre regresaremos al mismo lugar. Todo viene de adentro hacia afuera, la salud y la enfermedad, vienen de adentro hacia afuera, ya que nuestras elecciones están basadas en la información que ya traemos previamente de las cosas, a nivel de ésta vida y de vidas pasadas.

Nutrición:

Quienes son los primeros responsables de nuestra nutrición?

Nuestros padres, o en su defecto las personas que estuvieron a cargo de nuestra crianza cuando éramos pequeños. Si cuando éramos niños nos enseñaron a comer y beber saludablemente; verduras, frutas, proteínas, cereales, agua, hortalizas, carnes lácteos etc., y lo consumíamos en cantidades moderadas y con combinaciones apropiadas, no todo a la vez; hablando en términos de probabilidades sin tener en cuenta otros factores, lo más probable es, que cuando crezca continúe con estos buenos hábitos alimenticios, y por lo tanto elija nutrir bien mi cuerpo.

Pero por el contrario, si nuestra nevera o lacena estaba llena de sodas, comida chatarra, dulces, hamburguesas, comida llena de grasa, lo comíamos en cantidades alarmantes, revolviendo lo que encontrábamos sin ningún respeto por nuestro organismo, o de pronto hasta nos premiaban con comida cada vez que nos portábamos bien , lo más probable es que continúe con estos hábitos.

Y en el caso de alguien que creció con bajos recursos económicos, y pues sólo comía lo que podía, y dependiendo de cuál sea su situación actual o las experiencias que haya tenido luego de su crecimiento, la probabilidad de que tenga una gran información de lo importante que es la nutrición dependerá de esto.

En cualquiera de los 3 casos, la experiencia a la que estuvieron expuestos tiene una gran influencia en cómo se alimentan. Pero también todos 3 están dotados de la capacidad de cambiar patrones de conducta adquiridos previamente y de elegir alimentarse bien o mal dependiendo de sus posibilidades. Hoy en día no es un secreto para nadie y menos en éstos tiempos, que la alimentación es un factor importante, para una buena salud física.

Esto también aplica a la programación que se traiga de vidas pasadas. Hay gente que tiene asuntos sin resolver que tienen que ver con la comida, que no son de ésta vida sino de vidas pasadas, yo lo he visto en mi consultorio y cuando recuerdan el evento bajo hipnosis, lo resuelven y el problema con la alimentación desaparece.

Ejercicio:

Ahora, si a una buena alimentación se le suma una buena cantidad de ejercicio, obviamente incrementamos las posibilidades de tener mejor salud.

Pero otra vez, entra aquí en juego nuestros hábitos adquiridos previamente y nuestra decisión de elegir hacer o no hacer ejercicio.

Cualquiera que sea la elección ten en cuenta que, las consecuencias son directamente proporcionales a lo que elijas. Ejemplo: si decides parquear el carro en frente de la puerta a dónde vas a entrar, subirte al ascensor en vez de subir las escaleras, tirarte en el sofá a ver TV, o jugar videojuegos, no caminar, no hacer nada de ejercicio... bueno estás viviendo una vida sedentaria y contribuyendo a enfermarte.

Área Espiritual:

Toquemos la parte espiritual, Si tienes problemas para amarte y aceptarte a ti mismo como eres, si tienes conflictos sin resolver, si el dolor del pasado te sigue molestando, si salpicas de dolor a tu mundo alrededor, si vives quejándote de todo lo que te sucedió en el pasado y reviviéndolo una y otra vez, si estás lleno de rencor, si te niegas la posibilidad de curar tus heridas, si quieres vengarte, si quieres desquitarte con los que se aparecen en tu vida, por lo que otros te hicieron, etc. estas viviendo en el pasado.

Pero si por el contrario mantienes con miedo a lo que podría suceder, ejemplo: qué tal si me subo al carro y choco, o me chocan, o hay un accidente y si se me atraviesa alguien, que tal si esto, que tal si aquello. Si aplico para un trabajo y ni miran mi hoja de vida, o la miran pero no me llaman, o me llaman a entrevista y no se responder, o me contratan y no puedo con el trabajo etc. estas viviendo en el futuro.

En cualquiera de las dos opciones estás viviendo en un tiempo que no te corresponde, al que no te puedes enfrentar. **El pasado y el futuro no existen, el único tiempo que existe es el presente, y ese es el momento del poder. (Eckhart Tolle)**

Y por consecuencia si no vives en el presente sino en el futuro o en el pasado esto contribuye a la enfermedad mental y/o física.

Al único tiempo al que nos podemos enfrentar es, al tiempo presente. Al aquí y al ahora. (Eckhart Tolle)

Trabaja en nutrir tu espíritu, en ejercitar tu mente. Alimenta tu espíritu con conocimiento, ya sea tomado de un libro, de un amigo, de la sabiduría de una persona educada, o de la sabiduría de alguien sin educación, del mendigo que te encuentras en la esquina, o de la persona más versada y erudita que se cruce en tu camino.

Todos a nuestra manera, tenemos algo que enseñar o algo que aprender, somos estudiantes de la vida, estamos siempre en un continuo descubrir. Los seres humanos somos mensajeros, nos damos mensajes mutuamente.

Practícalo, pon más atención a las cosas que tienes que aprender de otros, esfuérzate por ser un mejor modelo a seguir y enseñarle algo positivo a otros. Mira como el mundo a tu alrededor está lleno de conocimiento. Descubre los mensajes escondidos en los momentos difíciles y en los conflictos y gózate los mensajes que encuentras en las experiencias agradables de la vida, todo es aprendizaje.

Esto es vivir no morir, toda experiencia tiene su propio mensaje algunos están ocultos, otros son muy evidentes, **Todo pasa** lo" bueno y lo malo", la vida es un continuo, es cambio, es crecimiento.

Quédate con lo que te sirve y compártelo, procesa el dolor y déjalo ir, si tú individualmente sientes, que no puedes procesar el evento doloroso, busca ayuda de alguien, o dependiendo del caso, si es necesario de un profesional.

Área Mental (lo que piensas)

Dicen por ahí, piensa bien e irá bien!!! y yo personalmente estoy de acuerdo con esto, nuestros pensamientos son semillas de lo que materializamos, si pienso positivo atraigo cosas positivas, si pienso negativo atraigo cosas negativas. Hay que entrenar nuestra mente, para aprender a filtrar los pensamiento negativos y dejar pasar los pensamientos positivos. Siendo el pensamiento, la fuerza creadora debemos estar atentos a ellos, ya que si la mayoría del tiempo, estamos pensando negativo, éstos pensamientos se van alimentando y creciendo, e igual si pienso positivo se retroalimentan y va creciendo el pensamiento positivo. Aquí entra en juego la llamada ley de la atracción atraemos lo que pensamos porque somos electromagnéticos. Más adelante se hablara más a fondo del poder del pensamiento. Así que a pensar positivo para crear positivo.

Área Emocional (lo que sientes)

Como se dijo anteriormente, los sentimientos y emociones pueden ser una fuente de enfermedad, si no sabemos utilizarlas como señales de información, las emociones influyen en la frecuencia vibratoria del cuerpo, y como ya se sabe el cuerpo es energía, y si no sabemos lidiar con ellas se van acumulando y eventualmente enfermedades y problemas físicos y mentales son el resultado.

Como ves, la Salud es un proceso, por el que tenemos que pasar todos, para llegar a un estado de salud. Gózate el proceso para también gozarte el premio, porque al final el éxito, no es un destino sino un camino, es como me goce el camino lo que me hace exitoso.

Pero al fin y al cabo el éxito es un término muy relativo, para unos es tener dinero, para otros es tener una linda familia, para otros es tener reconocimiento en su trabajo, para otros es la combinación de todas las anteriores y mucho mas... etc. Aunque al final, es lo consiente que fui al entender, que para lograr lo que quería lograr, me goce el camino.

Así que si ya estás en el proceso de mejorar tu salud, adelante, que nada te detenga! los obstáculos son para brincarlos. O si por el contario apenas has decidido que vas a empezar tu proceso de mejorar tu salud, ponte listo! busca todos los recursos posibles y esfuérzate por crear buenos hábitos a todo nivel de tu vida.

Si estás apenas considerando cambiar y empezar con un proceso de curación, motívate ! todo está por hacerse, tú haces camino al andar mira el mundo de posibilidades, ve por tu premio!

Si te caes, pues levántate, recuerda que la única razón por la que nos caemos, es para aprender a levantarnos. Te imaginas si un niño que está aprendiendo a caminar se callera y no se levantara, pues nunca aprendería a caminar, pero al caerse y decidir levantarse aprendió a levantarse y se dio la oportunidad de caminar.

Cual quiera que sea tu situación, reconoce que si estás aquí en éste mundo, es porque hay algo que tienes que sanar. Vive tu proceso, gózatelo y regocíjate con los resultados.

Construye tu salud, haz un programa completo para llegar a un estado de salud fantástico, piensa positivo, visualiza cosas positivas, límpiate de adentro hacia afuera a nivel físico y espiritual, nutre tu cuerpo y tu alma, amate a ti mismo ya que al amarte a ti mismo, serás incapaz de atentar contra tu salud, te nutrirás y actuarás basado en el amor, deja el resentimiento, perdona, cambia!

Las enfermedades del alma, son más peligrosas y más numerosas que las del cuerpo. (Cicero)

EL APEGO

Decisión de ir lento y seguir enfermo

El apego en cualquiera de sus formas produce dolor, **el apego a lo que fue y ya no es**, el ser humano por naturaleza es cambio, renovación, movimiento. La conducta es movimiento, nosotros somos creadores.

Todo lo que nosotros pensamos, es ya una creación.

El conocimiento es infinito, por lo tanto la experiencia lo es también, porque apegarse a las cosas, porque negarse a cambiar y a conocer más, hay tanto que experimentar.

Obviamente en algunos casos es más difícil desapegarse, pero en otros casos es tan fácil, y la gente sigue aferrada, a cosas, personas, espacios, conductas, hábitos, ideas, y muchas cosas más......

Un Ejemplo que podría explicar de forma más descriptiva ésta conducta de apego, a cosas materiales es, como cuando tenemos nuestro closet lleno de ropa que ya no usamos, y en vez de limpiar el closet y darle ésa ropa a otra persona, insistimos en retenerla con nosotros. Esto aplica para muebles y cualquier objeto al que estemos aferrados y es tan fuerte esto, que hay gente con apegos tan grandes a las cosas materiales que, hasta después de muertos (desencarnados), siguen apegados a objetos.

No es muy difícil deducir que alguien que se apega a objetos, es muy posible que no sea la persona más generosa del mundo, guardando y almacenando cosas, y cuando hay esa tendencia a guardar cosas materiales, así mismo tienen la tendencia a guardar asuntos emocionales como odios, resentimientos o asuntos sin resolver.

He conocido gente que tiene hermosas casas, llenas de basura, porque son incapaces de dejar ir las cosas que ya no usan, o que nunca usaron.

Creen que todo, algún día lo van a necesitar, y prefieren vivir entre la basura que dejar ir algo, y así como se les dificulta dejar ir las cosas materiales, igual se les dificulta dejar ir los las experiencias difíciles, los enojos, los guardan y los guardan, los sufren y los vuelven a sufrir una y otra vez.

Y ni que decir de compartir, imagínense si les queda difícil desprenderse de algo, cuán difícil es para ellos compartir, que van a compartir ? si no quieren dejar ir nada, la tendencia de alguien que se apega a las cosas es a guardarse, todo para él o ella.

Si supieran, o más bien admitieran, que **nada es de nadie**, cuanto tiempo de dolor y sufrimiento, cuántas vidas de confusión y cuanto karma negativo se ahorrarían, avanzarían más rápido y con una maleta más liviana en su evolución espiritual.

Ahora hablemos de los apegos en las relaciones, gente que lleva años y años, viviendo en relaciones disfuncionales, relaciones llenas de dolor , de abuso, de hacerse la vida miserable y deciden seguir ahí, apegados a lo que evidentemente no funciona. Se condenan a sí mismos, a una vida de sufrimiento y arrastran con ellos a sus hijos, invitándolos a seguir una cadena de dolor.

Muchas de éstas personas tienen la combinación perfecta para la desdicha, aparte de que se hacen la vida imposible mutuamente no buscan solución alguna, se acostumbran a vivir en la disfunción y ninguno se decide a cambiar. Hay otros que se aguantan 10, 20, 30, 40, hasta 50 años de puro dolor, por estar pegados a 4 ladrillos de la casa de la cual no quieren desprenderse, porque hay que compartirla en caso de un divorcio. Tú crees que la paz, la salud mental y física, el valioso tiempo, la felicidad, valen el apego a algo material?

Pero peor aún, dicen que, se quedan allí por sus hijos, y lo que les están dando es puro dolor al tenerlos viviendo en semejante ambiente. Creaturas inocentes, que dependen de padres inconscientes, que se jactan de sacrificarse por sus hijos, cual sacrificio? Sacrificio es quedarse allí limitándose a recibir y dar una y otra vez de lo mismo, creyendo que no existe nada, más allá ,de lo que ya conocen.

Limitándose a tener más, de lo que ya tienen, y sus hijos viendo sintiendo y aprendiendo todas éstas conductas disfuncionales, que aparte del trauma, crean y siembran confusión y el desamor.

Si ves que hay amor en tu relación de pareja, dale la batalla a los conflictos. En muchos casos hay soluciones, sí se puede arreglar la situación, si se cambia de actitud, si se deja de actuar con conductas viejas y repetitivas que se convierten en un patrón de conducta.

Si hay amor, hay también muchas probabilidades de que la pareja resuelva el conflicto y sigan adelante, si existe amor y verdadero compromiso de parte de los dos para cambiar.

Hoy en día hay mucha ayuda disponible, consejería y/o educación familiar, cursos de cómo solucionar conflictos, pautas de crianza para educar mejor a los hijos, fundaciones que se dedican a trabajar en el área espiritual, e infinidad de ayuda en la comunidad a muy bajo o ningún costo.

Debemos tener claro, que los que llegan a viejos juntos, amándose no es porque son parejas de santos, es porque de forma consciente o inconsciente, entendieron el mensaje que el matrimonio o la convivencia en pareja tiene, ya que el vivir en pareja es una gran oportunidad de avanzar a nivel espiritual, y que el objetivo final como en cualquier relación humana es de corrección.

Las parejas que duran toda la vida es por que aprendieron a resolver juntos los conflictos de la convivencia, crecieron ayudándose a corregirse mutuamente y aprendieron a perdonarse.

Pero si en tu relación hay ausencia de amor, atrévete a liberarte y a liberar, mira la puerta de salida toma decisiones no te apegues a pequeñeces.

Mira el mundo de posibilidades que hay, no cambies la felicidad tuya y de tus hijos por 4 ladrillos, tú te los puedes conseguir más adelante y si te lo propones hasta de pronto, no una casa de 4 ladrillos sino hasta de 8, y más. Si tienes miedo de dejar ir la pareja que ya tienes por miedo a quedarte sola o sólo, Piensa en que más adelante hay gente, tantas personas que hay en el mundo que en verdad te podrían amar, no darte migajas de amor, cómo puedes saber que hay, allá afuera si no sueltas lo poco que tienes, como puedes ver que hay más allá, si no asomas la nariz a la ventana a ver un mundo sin límites.

Los limites los ponemos nosotros, además la felicidad no es algo que está afuera, es algo que nace primero de ti mismo, no es algo que te da otra persona, es algo que vive en ti. Si, es cierto, que otros pueden colaborar con nuestra felicidad, pero la felicidad es una decisión individual de cada persona.

Cuantas mujeres y hombres tienen parejas lindas, que los apoyan en muchos aspectos, a nivel espiritual, profesional, emocional, económico, familiar... e igual no son felices. Lo que quiero decir con esto, es que, las parejas al tomar su decisión individualmente de ser felices, pueden apoyar a la felicidad de su pareja, de sus hijos y de su familia. Pero cada individuo sólo puede abrir el camino de sí mismo.

No podemos basar nuestra felicidad en otra persona, o en una pareja, un hombre no puede hacer que una mujer sea feliz, ni una mujer puede hacer que un hombre sea feliz, esto en el caso de los heterosexuales, en el caso de la homosexualidad es lo mismo, una pareja no puede hacer que otro sea feliz , si cada uno de los componentes de la pareja no decide serlo en su interior.

En otras palabras se puede apoyar y contribuir a la felicidad de otro pero la fuente de la felicidad vive dentro de cada persona.

También, en otros casos la relación de ciertas parejas es tan disfuncional, que literalmente están solos estando acompañados, porque no se comunican, no se entienden, cada uno va por su lado, o si se comunican es para pelearse o para decirse cuanto se odian. No hay peor sentimiento de soledad, que el que siente una persona, que se siente sola cuando hay alguien, que le respira al lado; y sin embargo siguen ahí ninguno de los dos toma la decisión de buscar soluciones, algunos por que ya se acostumbraron a torturar al otro, o a que lo torturen, o a que se torturen mutuamente, otros porque están esperando que el otro tome la decisión.

También todavía existe, sobre todo en nuestra cultura latina, miedo al qué dirán, o por pereza a volver a empezar, por confusión, por el dinero y las propiedades, por los hijos etc. las excusas son muchísimas.

Se imaginan, cuantos problemas nos ahorraríamos si tomáramos decisiones con sabiduría y a consciencia, sin atascarnos en el apego. Entendiendo que algunas veces, nos encontramos con ciertas personas sólo para convivir un tiempo, para enseñar y aprender lecciones, pero que no era para quedarse juntos.

Hay personas con las que nos encontramos que vibramos en la misma frecuencia y debemos estar cerca de ellos, puede ser que se tengan roces y diferencias como en toda relación, pero que al final con trabajo duro logran arreglan los asuntos. Otros con los que chocamos, la vibración es de dolor de conflicto, punto, hay que identificar esto ya que es más sano amarlos de lejos.

Y ni que hablar del infinito dolor, que crea la gente, cuando han roto una relación , pero mentalmente siguen enganchados a la otra persona, casos de personas que ya se acabo la relación y ellos siguen aferrados a lo que fue y ya no es, se niegan a sanar, se niegan a olvidar, se niegan a seguir adelante y se llenan de odio hacia la otra persona y llenan de odio a sus hijos, se niegan a perdonar y a perdonarse, siguen apegados al pasado a algo que ya no existe, que simplemente es parte de su historia.

Te sugiero, basada en mi experiencia como hipnotista especializada en regresión a vidas pasadas. Siempre que dejes ir a alguien de tu vida déjalo ir con amor, haciendo todo lo posible por evitar causar dolor, porque si no lo haces, como al final todo se debe sanar, muy seguramente te lo vuelves a encontrar en una vida futura, en circunstancias más cargadas de conflicto, con mas deudas kármicas. Somos creadores, hacemos camino al andar, y al final todo se debe convertir en amor lo único real es el amor, el resto es pura distracción, recuerdas ?

Ahora, hablemos del apego a los "muertos". Que yo prefiero llamar desencarnados. El concepto de muerte, especialmente en el mundo occidental; es de desaparición total. En el mundo oriental, en las culturas antiguas, hay un concepto de la muerte más amplio y esperanzador, es una transición, es una despedida temporal, es un hasta luego, nos veremos luego. Porque creen en la reencarnación, o en el retornar del alma, están seguros de la inmortalidad del alma.

Aquí en occidente, no lo vemos tan natural, puede que algunos lo digan de boca para afuera, pero en verdad no lo sienten así. Y otros algunas veces hasta quieren jugar a ser Dios, **se niegan a entender, que no tenemos control sobre nada en el universo, que no sea nosotros mismos,** nuestras conductas y decisiones.

Los invito a que piensen en que la muerte no existe, así como somos cambio, en todo lo que hacemos, también cambiamos de vestido.

Hoy me veo como mujer, en un cuerpo de mujer, pero ya he sido tantas cosas y seré tantas más... Nuestra alma es inmortal, sólo nuestro cuerpo muere y en verdad no muere, se trasforma. La materia cambia a otro tipo de existencia, alimentamos la tierra, el universo con nuestras cenizas.

En mi próximo libro, explicaré más extensamente, éste concepto.

Cada uno de nosotros decide cuánto va a vivir antes de nacer, y además la fecha de nuestra muerte y hasta como queremos morir, aclaro pueden suceder cambios por el libro albedrio, y algunas veces se puede adelantar la fecha y la forma de morir (en mi próximo libro explicaré la fuente de ésta información). Pero sin embargo, por no tener conciencia de esto, nos negamos a confiar en Dios y dejar ir los que decidieron adelantarse.

Hay algunas citas bíblicas, que han sido también nombradas por otros autores que son evidencia escrita de nuestra inmortalidad, aunque no soy religiosa, crecí con la influencia católica, por eso utilizo éste texto, pero muy seguramente hay mucha evidencia escrita de nuestra inmortalidad, en otros libros sagrados.

Al final me quedo con el concepto de que el objetivo, no es apegarnos a un libro sagrado; sino encontrar lo sagrado que hay en cada libro que nos guía, acerca de nuestro origen espiritual.

El hombre fue hecho, Alma viviente. (Génesis 2, 7)

Tu señor, libraste a mi Alma de la muerte. (Salmos Sl 116, 8)

Y no temáis a los que matan el cuerpo, más el Alma, no pueden matar. (Mateo 10,28)

Yo sé que para muchos no es fácil entender el concepto de inmortalidad del alma, para nuestra mente occidental condicionada a temerle a la muerte es más difícil aceptarlo. Pero llénate de esperanza, de saber que aquellos que amas y se adelantaron, te los volverás a encontrar, en otro cuerpo, en otra cara, con otro rol, cree en el retorno del alma. Es más están cerca de ti , nunca te abandonan, sólo han trascendido a otra dimensión. Siempre te amaran, simplemente se acabo su tiempo aquí en esta vida, así como algún día se acabara el de nosotros.

Claro que es doloroso, el dolor es parte de la vida de un ser humano, pero entre más nos entreguemos a la voluntad de Dios y no a la nuestra, más fácil, entenderemos sus caminos, ríndete a la voluntad del creador, lo único real es el amor el resto es pura ilusión. Recuerdas ?

Tenlos siempre en tu memoria, celebra su vida, mándales pensamientos de infinito amor, ya que tu amor es lo que los ayuda más fácilmente a que crucen el portal de la luz, de vuelta a casa. Vive tu duelo, tu tristeza y dolor, date tú tiempo para procesarlo.

Pero ten en cuenta, que por el contrario los sentimientos de rabia, de negación, no los ayudan para nada, les dificulta el cruzar el camino hacia la luz y en muchos casos, éstos sentimientos fuertes de desesperación, los mantienen atados a la tierra, a este plano físico al que ya no pertenecen. Así que por amor déjalos ir, acuérdate que es temporalmente ya que se volverán a encontrar en otros cuerpos en otras circunstancias, en otros roles, es parte de la evolución del alma.

Hablemos ahora un poco, de el apego a las conductas viejas. Por ejemplo, la típica frase: es que yo siempre lo he hecho así, les suena conocida? cuántas veces nos hemos negado a aprender cosas nuevas, apegados a conductas antiguas que ya no funcionan o tal vez nunca funcionaron, pero ahí estamos de necios haciendo una y otra vez lo mismo, porque nos negamos a intentar nuevas cosas, porque tenemos miedo de fallar, de experimentar o porque estamos muy cómodos, sin tener que hacer esfuerzos para aprender, y nuevamente limitados, porque nosotros mismos lo decidimos.

Es momento de abrir los ojos al mundo, de ver las posibilidades que existen, a todo lo que hay que conocer, a desarrollar la mente creadora, a aprender, experimentar, crecer, vivir, a dejar ir, a no apegarse, a atreverse a cambiar!

Aleja de ti hábitos negativos, busca recursos nuevos, información, libérate de conductas que no necesitas, cámbialas por unas más sanas, ten presente ,que tú eres creador, que tú estás en control de tu mundo, de tu mente, tú eres el dueño de tu vida, nunca digas que no puedes cambiar, que no puedes dejar de fumar, o de beber, o de comer, compulsivamente , etc. **no hay nada que no se pueda, es que no quieres o que no sabes cómo,** (se explicara más adelante en el capítulo de TODO SE PUEDE) si te decides a dejar ir, a no apegarte a éstas viejas costumbres, claro que puedes hacerlo, el poder vive en ti, no está afuera, está, dentro de ti.

Ahora ten en cuenta, que nuestra mente es tan poderosa ,que la verdad es que siempre, estamos correctos cuando decidimos algo, si dices que no puedes, tú estás correcto no vas a poder, si dices, si puedo también estás correcto si vas a poder, así es que funciona nuestra mente. Creer es crear!

(Otro concepto mencionado anteriormente que hay que enlazar.)

Quien piensa en fracasar, ya fracasó, antes de intentar, Quien piensa en ganar, lleva un paso adelante, he sido afortunado, nada me ha sido fácil. (Sigmund Freud)

Revisemos el apego a viejas ideas, ésas sí que nos hacen daño, es que a mí me enseñaron que la gente no es igual, mis padres me dijeron que yo soy de una clase social diferente y por eso yo no soy igual, que los que no están en mi posición social. Es que hay que odiar a los de otras religiones, es que los blancos son superiores que los negros o que los amarillos o lo que sea, es que ese es chiquito, gordo, flaco, alto, pobre, rico, de tal o pascual religión, prejuicios y mas prejuicios.

No es lo que posees, lo que hablas, lo que vistes, lo que estudiaste, en lo que trabajas, tu raza, tu orientación sexual, tu religión lo que te define como persona, son tus actos. Despertemos ! es lo que hacemos, lo que nos hace quien somos. Los actos que son guiados por nuestra conciencia. Lo justo que eres contigo mismo y con los demás, lo amoroso que eres contigo mismo y con los demás, lo honesto que eres contigo mismo y con los demás, lo tolerante, lo respetuoso...... es tu conducta, tus acciones, la que te hacen quien eres, la que habla por ti, sin necesidad de palabras. No, tus posesiones y todo ese mundo, de ideas viejas y reevaluadas que te enseñaron alguna vez. No te identifiques más con eso, evoluciona! deja atrás esa falsa sensación de saber y niégate a perpetuar ideas que nunca fueron ciertas y entrégate, a buscar más conocimiento.

No tengas miedo de cambiar, de dejar ir ideas preconcebidas que sólo llenan a la humanidad de prejuicios, que desembocan en desamor, hacia otros y contribuyen a enfermarte y a enfermar más a la humanidad. Siéntete como parte de un todo, como una pieza importante del universo, experimenta el valor que tienes. Todos somos una pieza clave de la creación. Reconoce el Dios que vive en ti, que es el mismo que vive en tu prójimo y en la naturaleza. **Todos somos UNO.** (enlaza este concepto ya aprendido)

NECEDAD

**Ya sabes la verdad, y decides
no usarla, sigues dando vueltas,
en las ruedas del alma**

Lo contrario de negro es blanco, de alto es bajo , de grande es pequeño, de gordo es flaco, y lo contrario de Sabio es Necio!!. (Luz)

El libro albedrío (derecho a elegir), nos permite, estar donde queremos estar, podemos tener crecimiento espiritual, estancarnos, o ir para atrás. En otras palabras evolucionar o involucionar. Cualquiera que sea tú decisión, nunca estás sólo, siempre hay guías tanto espirituales, como terrenales. Los terrenales son nuestro prójimo, espiritualmente estamos siendo guiados, por medio de nuestros pensamientos. ya que el pensamiento es un atributo del alma, pero ten en cuenta que la última palabra la tienes tú, en tu vida, ahora analiza.......

Cuántas veces hemos sido necios y sabiendo de antemano, que algo no nos conviene, vamos y nos tiramos de cabeza hacia algo que ya sabíamos que no iba a funcionar. O cuantas veces, hemos visto personas que se la pasan quejándose de su vida y su padecer, culpando o responsabilizando al mundo entero de todo su dolor, menos a ellos mismos, sin reconocer que son los autores intelectuales , físicos y absolutamente responsables de su propio sufrimiento.

Igual que otras veces, vemos gente que se tropiezan con la misma piedra, una y otra vez y no aprenden de sus errores, creando así dolor, y no acaban de salir de uno, cuando van de cabeza a meterse en otro dolor que es consecuencia, del mismo error.

Y tienen ahí a la mamá, el papá, el hermano, el amigo, el enemigo, el tío, el sobrino, el consejero, el perro, el gato, diciéndoles no te vayas por ahí que te vas a dar de topes, contra la pared! Pero no escuchan, siguen de largo, **BUSCANDO MAS DOLOR.**

Y después quejándose, porque a mí, porque me pasa esto, que he hecho yo para merecer ésta suerte...

Mientras sigas echándole la culpa, a todo lo que te pasa, a circunstancias ajenas a ti, seguirás dando vueltas en las ruedas del alma.

Hay que responsabilizarnos por nuestros actos, y digo responsabilidad y no culpa ya que son dos conceptos muy diferentes.

La responsabilidad: Es sentir que se obro mal y saber que se tiene el poder de hacer cambios y corregir.

La culpa: Es sentir que se obro mal, sin sentimiento de poder de hacer cambios.

Al sentir culpa, te estás flagelando una y otra vez, no sientes el poder de hacer cambios en tu vida o de poder corregir lo que tienes que corregir. Es como negar tu esencia divina, es acusarte, juzgarte y auto condenarte. Te estancas y encierras en oscuridad, no por que no exista luz en ti, tú eres luz!! Todos venimos del mismo lugar lleno de luz, pero si decides no usar esa luz, estarás en un lugar donde hay ausencia de luz, lo que llaman oscuridad.

El usar tu luz, es algo así como los derechos de las personas, a nivel de la sociedad. En toda sociedad, hay leyes establecidas que nos dan derechos, que podemos elegir ejercer, o ignorar. Así también, sucede a nivel espiritual, si decides utilizar tu luz para crecer, estarás eligiendo usar tus derechos divinos. Y si decides ser necio y no enmendar o desperdiciar los momentos de luz, estarás ignorando una gran oportunidad de crecimiento.

Al fin y al cabo, recuerda, que sin error, no hay crecimiento, que es de gente que usa su luz corregir, pero hay que corregir, para que el crecimiento ocurra.

Hablemos un poco del concepto de luz y oscuridad:

Todo es luz, la oscuridad no existe, sólo que podemos ocultarnos de la luz. Como siempre, podemos elegir ocultarnos de ella.

En verdad la oscuridad no existe, lo que existe es la ausencia de luz, que es lo que llamamos oscuridad. Esto puede sonar un poco raro verdad? Bueno, póngamolo de una forma más descriptiva:

Imagínate que estás en un cuarto lleno de luz, y tú también eres luz, pero de pronto cae una cobija, encima de tu cuerpo físico y tú no te la quitas, luego te cae otra, y tú tampoco te la quitas y luego otra, y otra y otra y así sucesivamente, hasta tener capas y capas de cobijas; adentro dónde estás tú, hay ausencia de luz pero no es que la luz haya desaparecido, la luz esta allí afuera, pero no puede pasar por las capas de cobijas que hay, y tampoco puede salir la luz que vive en ti, por la misma razón, no puede pasar.

Muchas veces en el camino de nuestra vida, con eventos dolorosos que nos suceden, nos vamos tapando de cobijas. Por muchas razones; por que andamos, cargando con el dolor, por apegos que no dejamos ir, por que decidimos revivir una y otra vez el evento que nos dolió, por energía en desarmonía que ha dejado una situación de dolor, o por necios y no queremos enfrentar y procesar situaciones sin resolver. En fin por muchas razones más.

Entonces, llenamos de oscuridad nuestras vidas, o mejor dicho no podemos ver la luz que está allí, todo el tiempo disponible para nosotros. También, sucede con esto, que se nos dificulta compartir nuestra propia luz, porque sentimos equivocadamente, que no tenemos luz para compartir.

En otras ocasiones, como en la violencia doméstica la persona permite que le tiren cobijas una y otra vez, llegando hasta tal punto que su luz parece apagada, y lo que es peor contagian a todos los integrantes de la familia, como si acobijaran a sus hijos y familiares con esta cortina que causa que la luz no pueda pasar ni salir de ti, condenándote a ti y a tu familia a vivir en la ausencia de luz, la oscuridad. (En el capítulo de violencia domestica explicare más a fondo todas las implicaciones de éste asunto) en muchos casos las personas quieren vivir en esa oscuridad, por la necedad de no querer aceptar que se está cometiendo un error.

Te planteo la posibilidad de que te empieces a quitar las cobijas que llevas cargando hace rato, que esquivez las que te quieran tirar, que escuches a los mensajeros que te encuentras por el camino, para que te quites las que tú mismo te has puesto encima, ten en cuenta que siempre, siempre, será tú decisión, seguir adelante, o ir atrás.

Recordemos que mientras estemos reencarnados, siempre hay algo que sanar; por lo tanto, algo que corregir. El día que ya no tengamos un cuerpo físico, es porque habremos evolucionado, trascendido y ascendido. También seguiremos evolucionando sin cuerpo físico a otro nivel.

Pero mientras esto sucede, estaremos en un cuerpo físico, y hay que utilizar las oportunidades que nos da la vida, para avanzar dejando a un lado la necedad.

Mientras tengas vida, siempre tendrás oportunidad de aprender cosas nuevas y de corregir lo que tengas que corregir. Nunca te niegues ésa oportunidad, si decides no corregir y seguir apegado a los errores, estarás eligiendo dar vueltas en las ruedas del alma. Hay que cumplir con el crecimiento espiritual, el tiempo que te tardes lo eliges tú.

En algunos casos la necedad es tan grande que la persona por más clara que sea la evidencia, de que todo lo que le está sucediendo es creación de él /ella deciden hacerse, los que no ven y hacer caso omiso de la verdad, que pueden ver, y siguen culpando a los demás o a las circunstancias.

El hombre que comete un error y no lo corrige, comete un error, aún mayor. (Confucio)

En otros casos la posibilidad de corregir, está en frente de ellos pero también deciden, hacerse los que no ven, como que el asunto no es con ellos.

Otros deciden tener periodos de amnesia, se acomodan y se acuerdan selectivamente de ciertos episodios de su vida, los más convenientes a opinión de ellos, evitando a toda costa, enfrentar asuntos sin resolver, perdonarse así mismo por la falta cometida o perdonar a otros, cualquiera que sea el caso, el perdón sería un camino de liberación, ya que el perdón libera, a las dos partes involucradas.

A éstos que se acomodan les llamo **Escapistas profesionales**, ya que ésta conducta de escapar, se convierte en un patrón que se repite una y otra vez, y no importa a cuantas personas tengan, diciéndole grandes verdades de su conducta errónea, que si quisieran podrían cambiar, simplemente deciden ignorar los mensajes, y hasta en algunos casos odian al que tienen al lado diciéndole la verdad, por la sencilla razón, que en el fondo ellos saben que les están diciendo algo que es cierto, nosotros siempre la reconocemos, es la necedad del que no quiere lidiar con lo que tiene que resolver, lo que prolonga y perpetua el dolor.

Si supieran, que con ésta actitud están generando más dolor y creando mas conflicto, agarrarían el cuaderno y harían la tarea, pero un momento, cuando digo si supieran es en sentido figurado porque, **Los seres humanos algunas veces no somos conscientes, de que estamos haciendo lo correcto, pero siempre sabemos cuando estamos actuando de forma incorrecta**, o sea que hablando más claramente; es que si sabemos, siempre sabemos, solo que decidimos ser necios y deshonestos.

Deshonesto consigo mismo y deshonesto con otros, para poder engañar a otro primero tenemos que engañarnos a nosotros mismos.

Pensemos, cuántas veces hemos actuado incorrectamente a sabiendas que nos causaríamos dolor a nosotros mismos, o a otros. Pero ahí vamos de necios a cometer la falta. Es sabio reconocer **que al lastimar a otros nos estamos lastimando a nosotros mismos. (Por que todo se devuelve, porque todos somos UNO, porque solo nos damos a nosotros mismos, porque todo es cíclico.** (Conceptos ya revisados)

Por el contrario, la persona que decide responsabilizarse de sus actos, tiene más conciencia del poder que vive en ella, está dispuesta a dejarse llevar por la información que tiene en su alma, se deja guiar por su esencia divina, reconoce que los seres humanos nos damos constantemente mensajes unos a otros, agradece cuando se le corrige y efectúa la corrección, o si no lo agradece por lo menos usa la información que le dan otros , está más atento a las ayudas que se le envían, reconoce que el error es una forma de aprendizaje. Que en verdad no hay error sino aprendizaje.

Por esto yo te propongo que decidas estar más atento a la información que tienes al alcance de tú mano.

Mira a tu alrededor cuántas de las personas que te rodean, que han visto fallas tuyas , te han dicho verdades que te ayudarían a corregir, pero es posible que tú, lo hayas tomado como ataques, en vez de agradecer que te estén diciendo una gran verdad. Cuantos mensajeros te han enviado y tú no te das por enterado, de que te están dando un mensaje. Cuantas personas, que son verdaderos espejos donde te has reflejado odias, en vez de agradecer que gracias a que puedes ver el defecto del otro, es un mensaje de que te mires a ti mismo, porque tal vez, tu andas cargando con el mismo asunto que tienes que atender.

Mira las veces que has despreciado a otros porque ves en ellos, conflictos del pasado sin resolver(del pasado de ésta y otras vidas) y como sientes el rechazo se genera conflicto con ésta persona, y en vez de resolverlo has sido reactivo en vez de proactivo.

Se sabio, reconoce que la humanidad es hermana, solo que traemos diferentes vestidos, para hacer de la experiencia de cada vida, algo más emocionante. Cada encuentro con otra persona tiene razón de ser, ha llegado a ti porque tu lo has pedido y tienen un rol en tu película de vida, por algo, apareció en tu realidad.

Sí, muchas veces la convivencia humana no es fácil, pero que chiste tendría la vida, si no tuviera retos, obstáculos que vencer? Dónde estaría el saborcito de ganarse las cosas.

Pégate al juego de la vida, déjate ayudar, recibe las ayudas con beneplácito, ama a tus hermanos reconócete y encuéntrate, que la elección sea, dejar la necedad a un lado.

CONTROL Y ABUSO

Elige romper el ciclo del abuso
SANA!

El poder de un abusador radica, en la falta de Amor propio de su "victima ". (Luz)

Este capítulo está dedicado, a todas las mujeres, que viven en países donde aún no se respetan los derechos de las mujeres, donde existen leyes hechas por hombres y para protección de los hombres, donde las mujeres son tratadas como objetos que producen placer, como servidumbre y como hembras para dar cría. Donde no tienen voz ni voto y donde los crímenes más atroces suceden gracias, a la inconsciencia!

Es mi deseo que lo que a continuación escribo, les sirva como inspiración, a las mujeres que viven en países donde tienen voz y leyes de protección, para que sean escuchadas y para que usen sus derechos.

Y a las que aún no los tienen, para que luchen por que se libere su voz , y colaboren a crear nuevas leyes de protección a la mujer.

Es muy difícil explicar con palabras, el dolor inmenso que causa al mundo la violencia doméstica, los daños son incalculables a todo nivel.

A nivel social, físico, emocional, espiritual, económico. No sólo para los que la sufren, sino para la humanidad.

Antes de entrar en materia de las implicaciones a nivel espiritual, de la violencia doméstica, Definamos brevemente que es La violencia doméstica, que la citaremos como VD.

Violencia Doméstica: La violencia doméstica, puede ser definida como un patrón de comportamiento en cualquier relación, que sea usado para ganar o mantener poder y control, sobre una pareja íntima u otra persona. Se da, del hombre hacia la mujer, o de la mujer al hombre o, sobre un miembro de la familia.

El abuso son acciones o amenazas de acciones físicas, sexuales, emocionales, religiosa, espirituales, económicas o psicológicas que influencian a otra persona. Esto incluye cualquier comportamiento que atemorice, intimide, aterrorice, manipule, lastime, humille, culpe, o lesione a alguien.

La violencia doméstica puede pasarle a cualquiera, sin importar raza, edad, orientación sexual o género. Les puede pasar a parejas que estén casadas, viviendo juntas o que estén saliendo. La violencia doméstica afecta a las personas de cualquier nivel socioeconómico y educativo.

Gente lastimada, va y lastima otra gente. (Yehuda Berg)

Para poder explicar mi punto de vista acerca de la VD, tomaré como ejemplo la VD del hombre hacia la mujer, ya que las estadísticas muestran, que los casos de violencia doméstica más altos ocurren del hombre a la mujer(ya sea porque son los que más ocurren o, por que son los que más se reportan). Para efectos prácticos tomaré éste ejemplo, pero la VD sucede de la mujer al hombre, del hombre a la mujer y en la población homosexual del hombre a hombre, o de mujer a mujer, o cualquier miembro de la familia a otro.

En mi opinión, la violencia doméstica a nivel espiritual, es una forma muy profunda de desamor a sí mismo y a los demás.

Porque a sí mismo? Bueno porque si tú te amas profunda e infinitamente a ti mismo, tolerarías el abuso de otro? O abusarías a otro? NO. La explicación es, por que nadie, ama a otro, si no se ama primero a sí mismo. Cómo puedes dar de lo que no tienes? Como ya hemos mencionado anteriormente, somos creaturas hechas de la más fina esencia, del amor. Dios es Amor y nosotros como sus creaturas, estamos hechos de puro Amor.

Una vez más, Dios en su infinita sabiduría, nos dio todo lo necesario para evitar a toda costa la violencia doméstica.

Tenemos boca para hablar y decir NO, tenemos unos ojos llenos de luz, que expresan sentimientos, sin tener que hablar y pueden decir NO, tenemos manos que se expresan sin tener que tocar para decir PARA, DETENTE, tenemos todo un cuerpo que se expresa, sin necesidad de hablar para decir NO me parece, NO me gusta, NO estoy de acuerdo, NO quiero.

Esto se llama comunicación no verbal, con nuestro cuerpo hablamos, sin necesidad de decir ni una palabra. Pero si queremos ser más claros pues, también utilicemos nuestra voz, expresemos nuestro desacuerdo, desde el principio podemos bloquear a toda costa, el permitir que escale el intento de violencia y llegue a violencia.

Ahora, en el caso del abusador, pues la gente da de lo que tiene, si tienes amor por ti mismo, eres capaz de dar a los demás de lo que tú tienes, amor, pero si por el contrario tienes dolor, angustia, miedo, rabia, tristeza, frustración etc. Eso, es lo que tú tienes para dar.

Como es esto? Siempre he pensado, que para que tú caigas en una relación de violencia doméstica, tienen que las dos personas vibrar de alguna manera, en la misma frecuencia energética, si una persona intenta violentar a otra y la otra detiene el ataque, desde el principio, el violento se va a dar cuenta, que no está en frente de una posible "victima". Es algo asi, como que tienen que ser dos piezas de un rompecabezas, que deben encajar perfectamente, para que se entre en este juego. Recuerdo que casi me echan de un entrenamiento, en violencia doméstica que estaba tomando hace como 15 años, porque inocentemente les explique lo que pensaba. Con todo respeto, para las instituciones que trabajan arduamente por erradicar éste flagelo y que lo hacen maravillosamente, toca irse más profundo, hay que trabajar más la parte espiritual, "el victimario" siempre va a buscar una "victima" que sea recipiente de su violencia, dolor y enojo. Si la mujer no vibra en esa misma frecuencia, él no tiene otra que alejarse, solito se da cuenta que con una mujer llena de luz, no va a poder victimizarla, o en su defecto la mujer solita se aleja.

Las conductas abusivas se notan desde el noviazgo, o al principio de la relación. Aunque hay que tomar en cuenta, que muchos son engañosos y hacen un buen trabajo escondiendo su verdadera personalidad en el noviazgo, pero después de casados o ya viviendo juntos, sale a relucir su verdadera personalidad. No se puede aparentar lo que no se es, toda la vida, cuando se está fingiendo en algún momento sale la verdadera persona. Precisamente es el momento de decir NO, PARA, DETENTE, desde el principio, no se puede dar oportunidad a que esto crezca.

La VD es una cadena de dolor, hogares disfuncionales donde reina la VD, crían futuras víctimas y victimarios. Si es un padre violentando a la mujer y tienen niños y niñas, el niño tiene una alta probabilidad de ser en el futuro un victimario, y la niña una víctima; o también, puede suceder que la niña se convierta en una victimaria, intentando así evitar ser la victima que su mamá fue.

Todo esto resultado de lo que vieron en la casa. Hay que tener en cuenta que la mujer o la víctima, cualquiera que sea, tiene todas las habilidades de detener esta cadena de dolor desde el principio.

Para poder lograr esto debemos educarnos, romper con los paradigmas establecidos del machismo mal entendido donde el hombre en vez de proteger, cuidar, proveer, aportar, ayudar a sostener su hogar, se dedica a maltratar, ultrajar, abusar y llevarse por delante a los miembros de su familia.

Pero hay que ser claros, aunque suene un poco agresivo, no lo hace solito, lo hace con la aprobación de su mujer. Sí , yo sé, que suena duro lo que estoy diciendo acerca de la mujer, pero yo soy mujer y sé, que nosotras somos una pieza clave, en ser una fuerza importante para detener esta locura y superar ésta calamidad, que aqueja a la humanidad.

Voy a citar un ejemplo, de los tantos que he escuchado en todo el transcurso de mi práctica, fui educadora voluntaria, en un centro de violencia doméstica por muchos años, donde se hace prevención, educación e intervención en casos de VD.

Ejemplo:

En una familia tradicional Latina, la mujer le sirve la comida al hombre en la mesa, comida que ha cocinado, gastando su tiempo y esfuerzo en prepararla y si hay amor, pues le ha puesto el ingrediente principal, el amor. Le sirve la comida al hombre, el hombre le dice que la comida está horrorosa, grita todo tipo de improperios y le tira el plato lejos estrellándolo contra la pared.

En éste caso, hay dos posibles respuestas: (con variables individuales)

1. Correr a recoger el desorden, que se armó, quedarse callada y/o también, puede pedir perdón, por lo mal que hizo las cosas y correr a cocinarle algo más, al caballero.
2. Guardar la compostura y (decirle al señor sin violencia, no se trata de alimentar la violencia, ni de formar un combate) de que ahí está la cocina, que cocine lo que a él le provoque, y (opcional) que de paso le guarde, que ella si va a apreciar que haya cocinado para ella, ah y que no se le olvide limpiar el tiradero que formó, y retirarse como lo que es, una dama.

Si tomas la segunda opción, Tú crees que le van a quedar ganas al señor, de volver a hacerte esa escenita? Pero, si eliges la primera opción, en ese mismo instante habrás alimentado un monstruo, que se va a ir creciendo cada vez más y más y después, te vas a andar quejando del monstruo que tú misma alimentaste.

Lo anterior es sólo un ejemplo, pero ten en cuenta, que cada caso tiene sus propias variantes.

Mujer, cualquiera que sea la opción que elijas, siempre protégete, nadie más que tú, que vives con el violento, sabes hasta dónde es capaz de llegar. Siempre cuida tu seguridad y la seguridad de tus hijos. La seguridad primero.

Este caso tiene su análisis a nivel conductual, que lo podemos resumir en un principio básico del conductismo; El llamado, condicionamiento operante: conducta reforzada (o premiada) tiene la tendencia a incrementarse y repetirse.

Pero ahora, mirémoslo desde el punto de vista espiritual; Dios cualquiera que se la idea que tengas de él, nos creó con libre albedrio con derecho a elegir, podemos escoger la Luz sobre la oscuridad, o la oscuridad sobre la luz. (concepto ya revisado, haz el enlace)

Somos tan libres que nosotros elegimos el camino que queremos seguir nos podemos prostituir, ser asesinos, narcotraficantes, rateros, podemos engañar, abusar, lastimar y muchas cosas más, o por el contrario, podemos educarnos, ganarnos nuestro sustento honradamente, ser honestos, justos, amorosos, dignos, sensatos...

No es que a Dios no le importe por donde nos vayamos, No, es simplemente que si nacimos libres por que el así lo quiso, nadie puede intervenir en nuestra libertad, porque es un derecho divino.

Así que, basados en ésta premisa, más nuestra definición de violencia domestica VD =**La violencia doméstica puede ser definida como un patrón de comportamiento, en cualquier relación, que sea usado para ganar o mantener poder y control, sobre una pareja íntima. Se da, del hombre hacia la mujer o de la mujer al hombre, o de hombre a hombre o de mujer a mujer, o sobre un miembro de la familia.**

Podemos deducir que, un derecho divino otorgado por Dios, como el derecho a elegir, está siendo violentado por un ser humano, que ejerce poder y control sobre otro. Nada más ni nada menos que, violentando un derecho que se nos fue dado, como parte de nuestra divinidad.

Algunos dirán, no pues que mal está actuando el abusador, pero no dejemos de lado que, el que se deja violentar, es tan responsable como el victimario, que quiere abusar y controlar. Suena duro, pero en éste caso, donde son 2 adultos, no hay víctimas, sino voluntarios a víctimas. Somos creadores nosotros estamos a cargo de nuestras vidas.

Mujer dónde está tú Luz? Cuando elijes callar, cuando elijes ignorar los talentos, habilidades y herramientas que Dios te dio para que te defiendas, para que reclames respeto, para que dignifiques tu bellísima condición de mujer.

Mujer dónde está tú luz ?cuando permites, que tus hijos vivan en un ambiente de violencia y dolor y con qué cara, dices que aguantas todo eso por tus hijos? Cuando en verdad los niños están siendo, testigos y recipientes de todo éste dolor.

Mujer dónde está tú luz? cuando perpetuas, ésta violencia al dejar a tus hijos, ésta herencia de dolor, sumándole todos los traumas, que ésta situación causa a ti y tu familia.

Mujer dónde está tu amor propio y el amor por tus hijos y tu marido? Cuando te quedas callada, ante semejante barbaridad, que está cometiendo tu marido, con sus conductas violentas.

Una mujer, que trata especialmente duro a su marido, en los momentos en el que él está equivocado, está haciendo bien su trabajo y lo está ayudando a su corrección espiritual. Al decir que lo trata duro, me refiero a, expresarle su desacuerdo, a detener éste comportamiento con firmeza y a tiempo. A expresarle tu amor a ese hombre de una manera fuerte, diciendo lo que tienes que decir y haciendo lo que tienes que hacer.

Deja el miedo a un lado, libérate y libera a los tuyos si él no puede ver lo que tú si ves, muéstraselo. Si sigue sin entender, aléjate con tus hijos. **No hay absolutamente nada, que justifique la violencia.** Exprésate con Firmeza pero, con dulzura, con carácter pero, hablando con el corazón.

Mujer decídete a brillar, si estás en una relación de violencia en estos momentos de tu vida, déjame recordarte que: **Nadie está, donde no quiere estar.** Busca ayuda, rompe el silencio, edúcate, busca recursos y prepárate, para enfrentar, lo que muy probablemente, hace mucho tiempo debiste haber enfrentado. Haz lo que tienes que hacer, primero por ti, por amor a ti misma, llénate de infinito amor hacia ti misma, para así poder salpicar de amor, a tus hijos y a tu marido, no, de dolor, como hasta ahora ha sucedido.

Si te decides a dejar al hombre que te lastima, hazlo por amor y con amor. Por amor a ti, tus hijos y a él. Muchas veces en el camino de la vida, debemos amar a la gente desde lejos, desde una distancia prudente, para que no nos lastimen, con su dolor.(concepto ya revisado, haz el enlace)

Alejarse en muchos casos, es una forma de amar, al final al decidirte amarlo de lejos, le estarás dando amor como tu prójimo que es, no un amor romántico como el que tenías, pero al dejarlo y detener la violencia le habrás dado un mensaje de amor, de que hay algo que él tiene que solucionar, ya que:

El que no aprecia y cuida lo que tiene, está condenado a perderlo.

Si tu decisión es dejarlo, hazlo con amor, sin causar más dolor, detén la ola de dolor, aunque es imposible en una separación evitar el dolor a todos los involucrados, haz todo lo posible por educarte al máximo y utilizar, todos los recursos que hay a mano, para minimizar el daño en lo posible. Recuerda, siempre hay una puerta de salida para ti y tu familia.

Y si no estás en este momento, en una relación de VD edúcate igual, es mejor prevenir que curar. Así sabrás las señales que da un hombre abusador. Las estadísticas demuestran, que un hombre que es un abusador, tiende cada vez a ser mas abusivo, primero empiezan con una mirada controladora, luego con una palabrita grosera, vienen las intimidaciones, se suma una palabrota, ahora un empujoncito, despues un golpe, luego con un arma, y hasta llegar a matar a su pareja.

Depende de ti mujer, que la violencia siga adelante o que tú la detengas, **Mujer habla, no olvides que el silencio y el miedo terminan convirtiéndose, en complicidad.**

Y tú hombre abusador, dónde está tú Luz ?que humillas, lastimas, maltratas, que eres un tirano, que dejas heridas profundas, en los que por el contraria debes proteger, con tu fuerza de hombre, como jefe de familia.

Dónde está tú luz ?que conviertes tu casa en un campo de batalla, dónde está tu amor hacia ti mismo, tú mujer y tus hijos, si en vez de levantar la voz y la mano para defenderlos, utilizas éstas habilidades para herirlos, en la piel y en el alma.

Como ves, éstos comportamientos tanto de un lado, como del otro, tienen la raíz profunda en el alma, tanto del hombre, como de la mujer.

El hombre por ser el abusador ya de hecho está enfermo del alma, lleno de miedo y se ha cerrado y negado a ser un canal, por donde cruce la luz, y obviamente en ausencia de luz, da de lo que tiene, oscuridad.

Y la mujer, vibrando en la misma baja frecuencia del hombre, recipiente de su oscuridad, con su luz de mujer apagada, creyendo que al estar callada y seguir las instrucciones descabelladas, del hombre se resolverá el problema. Cuantas veces he escuchado: algún día cambiará, es que yo lo hago enojar, yo pensé que cambiaría, pensé que yo lo iba a cambiar, lo aguante, tantos años por mis hijos. Si él te da oscuridad y tu eres recipiente de su oscuridad, lo más lógico es, que reine la oscuridad.

Por favor que alguien prenda la Luz!!!

Mujer rompe éste círculo vicioso, que no sólo uno creó, hay dos responsables. Una pareja es de dos, en que porcentaje es responsabilidad de cada uno, bueno, eso sólo cada pareja lo sabe, pero definitivamente ésta locura de la VD es creación de dos.

Hombre, recapacita, atiéndete, busca ayuda para curar tu alma, libérate del dolor que arrastras y asume tu responsabilidad de hombre cuidando de tu casa.

Se acuerdan lo de la teoría de las cobijas, que hablamos anteriormente ? en las que nos van tapando y tapando hasta no permitir que la luz salga o entre, bueno aquí es lo mismo, el violento ya está tapado de cobijas, no pasa la luz , y el recipiente de la oscuridad también se deja echar más cobijas.

Por eso **SANA**, busca la puerta de salida, siempre habrá una, recuerda que, no estás sólo o sola, Dios cualquiera que sea la idea que tengas de él, está ahí siempre, para ayudarte. Pide ayuda y se te dará, golpea puertas y se abrirán, Dios vive en cada uno de nosotros, él no se aleja de nosotros, nosotros somos los que nos alejamos de él. El no se equivoca, nosotros somos, los que nos equivocamos.

Ya hemos dicho que el sentimiento de desconexión de Dios, es lo que enferma a las personas. Conéctate! a ése recurso divino de donde provienes, y no quiero que me mal entiendan, no estoy diciendo que se vayan corriendo a la iglesia más cercana, ni que se vuelvan rezanderos, ni religiosos, créanme, que no tengo nada en contra de la religión, pero tampoco tengo nada a favor.

Hoy en día todo está, tan tergiversado y manipulado, y en un mundo tan complejo y lleno de intereses, que lo único que te puedo decir es que : Dios está ahí para nosotros y no tenemos que pertenecer a ninguna iglesia, congregación, ritual o lo que sea, para encontrarlo. Busca dentro de ti y lo encontrarás. Dios vive en ti, en mi, en todo y todos. En el que cree en Dios y en el que no cree. Dios no es algo que está fuera de ti, él vive en ti, tú eres un pedacito de Dios, eres su más bella creación, Eres una creatura del universo y tienes derecho a todo lo mejor.

Elige romper ésta cadena de dolor no perpetuarla, no tienes nada que perder y todo que ganar. Cuando en una relación se ha perdido el respeto, ya no queda nada más que perder. Emprende el camino a recuperarte.

Pero si creen que en su caso todavía se puede salvar la relación, busquen intervención profesional , educación sobre VD, consejería para los dos hombre y mujer y para los hijos, para incrementar la oportunidad de encontrar una solución y salvar la familia.

Es muy cómodo el papel de víctima, porque así, todo es siempre culpa de otro. Alguna vez tienes que afirmarte sobre tus pies y asumir tu responsabilidad.

(Louise L. Hay)

EL JUICIO

Jugando a ser Dios, haciendo algo que no nos corresponde, estás distraído pon atención a ti mismo

Para estar claros y no confundir juicio con opinión, revisemos los dos conceptos:

El juicio: Es la proyección de un pensamiento, hacia otra persona o uno mismo, donde se afirma o se niega algo, puede ir cargado de una connotación positiva o negativa, que gusta o que no gusta y de lo que se le adjudica algún valor.

Opinión: Es una idea que una persona tiene sobre algo o alguien, es una preferencia basada en una experiencia vital, donde usas el discernimiento.

Ejemplo:

Tú Invitarías a vivir contigo a un asesino a tu casa? Personalmente no creo que sea una buena idea tomar ése riesgo. Aunque no nos compete enjuiciar a esta persona, porque no es nuestro papel enjuiciarlo, si nos compete cuidar de nuestra propia seguridad y tomar la decisión basada en el discernimiento, de cuidar de ti mismo y de tu familia, en caso que la tuvieras, de no relacionarte con ésta persona, ya que hay un antecedente, que te permite saber que ésta persona, se ha comportado de una forma peligrosa, poco respetuosa o dañina. En éste momento estás usando el discernimiento, basado en una idea que tú tienes de la conducta de esta persona; ojo de la conducta, no de la persona.

Cuando enjuiciamos, estamos hablando de la persona o sujeto, cuando tenemos una idea positiva o negativa de una conducta, estamos dándole un valor a la acción. Si aprendemos a diferenciar las conductas, de las personas se nos hará más fácil evitar el juicio.

Dentro de la generosa dotación que el creador, nos dio: talentos, virtudes, habilidades, belleza, inteligencia, diferentes poderes, poder de elección, poder de crear, poder de amar, etc. Dotación que se nos dio para transitar por este mundo, **NO está incluido el poder de juzgar.**

No es que no se deba juzgar a sí mismo ni a los demás, es que **NO SE PUEDE,** es decir no tenemos esa habilidad, éste poder le pertenece solamente a Dios, por una sencilla razón; para poder juzgar se deben saber; todos los antecedentes de acciones de una persona de ésta vida y de vidas pasadas, se deben saber todas las implicaciones y consecuencias de acciones pasadas y las posibles implicaciones y consecuencias, que se producirían frente a la decisión de tomar cualquier acción en el presente y en el futuro, se deben saber eventos, situaciones, circunstancias, variables y detalles, de todas las decisiones, que se han tomado en el pasado y de las consecuencias de éstas decisiones, además, de todo lo que sucedería si, se tomara tal o cual decisión, y muchas cosas más para así, poder emitir un juicio.

El que tenga ésta capacidad, que levante la mano!

Sin embargo, jugamos a ser Dios y nos tomamos atribuciones que no nos corresponden, y no la pasamos enjuiciándonos a nosotros mismos y a los demás. No contentos con esto, contaminamos a nuestros hijos con la misma costumbre, criándolos llenos de prejuicios.

Ejemplo:

Mira, nene, no debes jugar con niños de ciertas características(ponle las que quieras) , porque ellos son esto y aquello, o las personas que se comportan de cierta manera... son malos o no aman a Dios, están equivocados, son menos o más que tú, o cualquier prejuicio de los que nos hemos inventado que oyes por ahí acerca de la raza, nacionalidad, edad, gustos, costumbres ,religión, status social, orientación sexual, etc. de las personas.

Dios nos ama y nos da la oportunidad de avanzar y evolucionar espiritualmente a todos por igual. Dios es Amor, tú crees que Dios ama más a unos que otros? si todos estamos aquí, es porque él así lo quiere, todos somos su creación. Dios nos da la oportunidad de experimentar lo que tenemos que experimentar, para avanzar. Sabes tú cuántas veces en vidas pasadas has sido; blanco, negro, chino, gay, rico, pobre, educado formalmente o sin educación, campesino, científico, alto, bajo, gordo o flaco etc. lo sabes?

Y ahora una pregunta para los que no creen o tienen dudas del retorno del alma. Te acuerdas de lo que desayunaste hace un mes? Si no te acuerdas eso no significa, que no hayas desayunado, lo que significa es que se te olvidó. Igual sucede con la reencarnación o retorno, como lo quieran llamar, se nos olvida a nivel consiente, pero a nivel subconsciente, donde está la memoria infinita, está toda la información de nuestras vidas pasadas.

Te imaginas, si nos acordáramos a nivel consciente de todas las vidas pasadas, la locura en la que viviríamos? Dios nos diseño con tal precisión, que si lo podemos llamar así, nos borra la memoria a nivel consiente al retornar nuestra alma e ingresar en un nuevo cuerpo físico.

No tenemos memoria consciente de todos los eventos de vidas pasadas, para que, tengamos una oportunidad nueva de corregir, lo que tengamos que corregir, basados en nuestra esencia divina, el ADN del Alma y utilizando nuestro libre albedrio. Estos recursos, debemos utilizarlos para trabajar duro y ganarnos la luz.

Entonces, ustedes se preguntarán. Para que se hace una regresión a vidas pasadas? pues porque, algunas personas se atascan en el pasado y aunque no se acuerdan a nivel consiente, tienen conflictos en el presente que son consecuencias de su pasado sin resolver.

Es importante saber, que sólo se debe ir al pasado para mirar donde te quedaste atascado, entender, solucionar el conflicto y seguir adelante, **Siempre Adelante Nunca Atrás.**

Esa, es la explicación de por qué la terapia regresiva funciona. Al ir al pasado y resolver el conflicto, tenemos la oportunidad de dejar ir el dolor y quedarnos solamente con la sabiduría, con el aprendizaje, con la enseñanza y luego poder seguir adelante. Y en términos más exactos, lo que se hace a nivel de regresión es que, al revisar el pasado y encontrar donde hay un conflicto sin resolver y logramos resolverlo, en ése momento, se desintegra la energía en desarmonía y quedamos nuevamente en cero, listos para continuar.

Como puedes ver, todo esto, está ligado con la parte energética de la persona. Es como si, al liberar el dolor que tienes guardado del pasado, liberaras también, ésa energía atascada, que no deja que fluya la energía libremente. Todo éste trabajo se debe hacer con un profesional especializado en regresión a vidas pasadas. Siempre, con el objetivo de sanar, no de enjuiciarse ni enjuiciar a otros.

Los invito a que no esperemos más, tomemos la decisión de no juzgar, nadie está diciendo que es fácil, pero ciertamente no imposible. Empecemos por no juzgarnos a nosotros mismos, En muchas ocasiones nos flagelamos y agarramos a latigazos, porque nos enjuiciamos a nosotros mismos, o nuestro físico, nuestros sentimientos y emociones, conductas y terminamos no gustándonos y desvalorizándonos, o hasta siendo alérgicos a nuestra propia persona, hasta el punto de, no amarnos ni, aceptarnos.

Si no nos gustamos nosotros mismos, pues eso es lo que proyectamos al mundo, un auto rechazo que nos enferma, ya que el rechazo no se queda ahí, se convierte en desamor a uno mismo.

Como me puedo amar? Si no me gusto a mí mismo, como me puedo aceptar? Si no me amo como soy. Entonces encuentras personas que viven en constante comparación, con los demás, criticándolos, porque se sienten reflejados en un espejo y ven en ellos, cosas que tienen ellos mismos y no les gustan. O por el contrario, queriendo ser como los demás, porque no se sienten satisfechos y no se aceptan como son, y al final terminan creando, enfermedades mentales y físicas por ese rechazo de sí mismo y obviamente lo reflejamos en la conducta con los demás. Si me la paso criticándome, juzgándome, en desamor, en desarmonía conmigo mismo, pues eso es también lo que hago con los demás. (nuevamente hacemos un enlace con el concepto que hemos revisado anteriormente, la gente da de lo que tiene.)

Ahora pues, el juicio a los demás: ya sea porque desde chicos crecimos oyendo y viendo como unos enjuician a otros y nadie nos corrigió, lo cual significa que siempre fue, lo que vimos y por estar expuestos a este modelo de conducta lo aprendimos. O también puede ser porque nos sale natural, hay gente que no hay que enseñárselo que les sale natural, porque es el grado de evolución en el que se encuentran y es reforzado por las personas con las que se juntan, ya que nosotros atraemos las personas que vibran en la misma frecuencia vibratoria, en la que estamos.

Pero también se encuentran personas que por más que hayan estado expuestos a modelos de conducta de juicio, no son pre juiciosos y no es su tendencia enjuiciar, es porque su alma, ya pasó por ese nivel, esa lección ya está aprendida y superada, su alma no reconoce ésa información como correcta.

Trabajemos en ejemplos de juicio en el trabajo:

Está un empleado en su puesto de trabajo y se acerca un compañero de trabajo: oye ya te enteraste que la chica de recepción, se está divorciando por que el marido le fue infiel, le contesta la otra persona: si pero como no le van a poner los cuernos, con lo gorda, flaca, alta, chaparra (pónganle ahí el adjetivo calificativo que quieran) y bla bla bla bla bla......

En un momentito, se ha formado un chisme acompañado de muchos juicios y eso a su vez acompañado de oscuridad, para quien lo habla y a quien va dirigido y por supuesto de oscuridad para la humanidad. Todo lo que sale de nuestra boca es energía, que afecta, positiva o negativamente a nosotros mismos y a otros. Otra vez recordemos todos somos UNO.

Y entonces, qué hacer cuando se nos acerca alguien con esta costumbre tan destructiva para todos?

Que les parece redirigir la energía, ejemplo: ahí viene un compañero de trabajo con su garganta cargada de energía en desarmonía, queriendo contarle a otro su versión de, lo que le está sucediendo a alguien más y con su carga de juicio: oye si te enteraste que la chica de recepción se está divorciando porque..... STOP, PARA, DETENTE, redirige la energía, que sucede si tú le dices con diplomacia, lo siento mucho pero no tengo tiempo en éste momento, para compartir historias contigo, bueno, le estás dando un mensaje, de que no te interesa hablar de los demás, ni enjuiciarlos.

O, puedes cambiar el tema sutilmente, o también puedes elegir ser más directo y decirle, no me gusta el chisme y el juicio punto. tú elije o crea tu propio estilo.

Cuando tú cambias, obligatoriamente cambias tu mundo al rededor, no se trata de cambiar a los demás, se trata de que cambiemos nosotros mismos.

Ejemplo: si decido que ya no voy a chismosear y a dejar de juzgar a los demás, naturalmente voy a evitar alimentar el chisme y el juicio, la gente lo nota; algunos simplemente no vendrán a ti para contarte historias o con suerte habrás colaborado al cambio de conducta de otro, que captó la idea del mensaje, que tú le diste.

Propongo que pongamos atención a nosotros mismos, como dijo Confucio "Conócete a ti mismo", enfoquémonos más en nosotros mismos, en nuestra propia conducta, en nuestros sentimientos y emociones, en nuestra belleza física y espiritual talentos y virtudes y en todas las características que poseemos, sin enjuiciarnos.

Simplemente aceptándonos y amándonos tal y como somos. Como Dios nos creó, observando con amor que puedo mejorar, asumiendo responsabilidades cuando nos equivocamos y tomando la oportunidad de corregir; dándonos un bravo! a nosotros mismos cuando avanzamos, modificando las conductas que queremos cambiar, sin lastimarnos y extendiendo esta práctica de amor y comprensión a los demás, a nuestro prójimo.

Celebremos la diversidad, los colores y matices de la vida, las culturas, respetando las diferencias y compartiendo las similitudes, elevemos nuestra frecuencia vibratoria vibremos alto!!!!

Como dijo Eckhart Tolle, hoy aquí y ahora, es el momento del poder, así que, empecemos desde éste momento a utilizar nuestro poder de cambiar. Las cosas que sucedieron en el pasado, sucedieron en un aquí y ahora, las cosas que sucederán en el futuro sucederán en un aquí y ahora, ni el futuro, ni el pasado existen, lo único que tenemos todos, es el aquí y el ahora. (concepto ya revisado enlázalo)

La vida es un eterno presente, que debe ir de la mano con armonía, responsabilizándonos por los errores cometidos en el pasado y corrigiéndolos, pero sin enjuiciarnos, perdonándonos a nosotros mismos y a otros, si hemos sufrido por que alguien más nos lastimó debemos procesar la situación, sanar dejar ir y perdonar , el milagro perdona el ego juzga y condena. Sólo Dios tiene el poder de juzgar, eso no nos corresponde a nosotros.

NADA ES DE NADIE

Si no lo creen, miren a alguien que "falleció" haber que se llevo.

No esperemos a "morir", o más bien, a terminar éste ciclo de vida para reconocer que nada era de nosotros, que todo lo que se nos dio era para que lo administráramos, usando nuestro libre albedrio para transitar por éste mundo. Si no lo creen así, sólo observen, que se lleva un millonario y un pobre al fallecer, un famoso, o uno mundialmente desconocido, los dos, sólo se llevan lo mismo, la experiencia.

Lo único que nos llevamos, ricos y pobres, es la experiencia que tuvimos con otros , el amor o desamor que dimos y/o recibimos.

En éste mundo nosotros aprendemos a través de las relaciones, no de las cosas, tú no te las puedes llevar cuando te vas. (Brian Weiss)

Sí yo sé, tenemos éste cuerpo que necesita comida, abrigo, techo, ropa y todas las necesidades básicas para poder mantenerlo, más las necesidades que nos hemos inventado.

Pero, hay que mirar mucho más allá de lo físico, aparte de ésta hermosa envoltura llamada cuerpo, está la esencia divina de un ser humano, SU ALMA.

Los seres humanos somos espíritus teniendo una experiencia humana. (Pierre Theihard de Churdin)

Todo se nos ha dado para que cumplamos con la misión que vinimos a hacer, sólo que, no todos tenemos conciencia de dónde venimos y a que venimos. Entonces como consecuencia de la no conciencia, nace el miedo. Sí, el famoso miedo(mas adelante hablaremos del miedo), el más grande enemigo de la humanidad, y llenos de miedo, nos negamos a compartir nuestros talentos, virtudes, amor, amistad, recursos, tiempo, conocimiento, y todo lo que ustedes se imaginen que podemos compartir.

Será que Dios se equivocó y nos puso a vivir juntos por equivocación, en un mundo, donde aparentemente hay tantas diferencias?

O será que, si ponemos más atención, encontramos que, son más las similitudes, que las diferencias. Será que él quería que compartiéramos?

Yo por mi parte opino; que Dios no se equivoco, que su deseo es que experimentemos por medio del compartir. Benditas Sean las diferencias! que nos ayudan a enriquecernos, a experimentar, conocer y aprender a compartir.

En muchas ocasiones, nos da miedo compartir, algo tan simple, natural, y lindo como una sonrisa. En cuántas circunstancias, tenemos la oportunidad de compartir tiempo, con gente que está a nuestro lado, no por casualidad, sino por causalidad y nos negamos a hacerlo. En otras oportunidades, hemos dejado de escuchar a otro ser humano, en un momento de dolor o de alegría, porque estábamos muy ocupados y no podíamos compartir nuestro tiempo. En cuántos otros eventos de nuestra vida, nos hemos negado a compartir, una caricia o un gesto de afecto, con alguien que lo necesita.

Pensemos, en nuestras manos, que hacen cosas tan simples como ayudar a asearnos, a limpiar nuestro cuerpo, nuestra casa, a cocinar, a trabajar etc...... y cosas tan sublimes, como dar una caricia de aprecio o de amor. Súmale a tus manos, esos fuertes brazos que además de todo lo que hacen diariamente por ti, pueden abrazar.

Piensa en tu boca que además de ayudarte a hablar y dar una palabra de aliento o de amor, puede besar, vete más allá, mira tu cuerpo, todo él, puede expresar amor, si es que queremos compartir nuestro Amor.

Ahora hablemos de nuestros conocimientos, cuántas veces sabiendo cosas, decidimos callar y no compartir lo que sabemos con los demás, por miedo, a que sepan lo que yo sé, a que me quite el trabajo, a que sepan después más que yo, o al miedo, que tú te imagines.

Y qué de las cosas materiales; gente que guarda, guarda y guarda. Por miedo a dejar fluir la energía, representada en los recursos que se les han dado, **sin saber, que el secreto de tener es dar.** Sí, suena paradójico pero si no damos, no podemos recibir más, ya sea en ésta vida o en otra existencia. Si no damos en ésta vida, es muy probable que estemos creando un mundo de necesidad, en el futuro de ésta vida o en, una futura existencia, para que sintamos en nuestra propia piel, lo que le hicimos pasar a otros, Y así poder entender la lección.

Qué motiva a una persona a pensar que no se debe compartir?

Quién tiene más fe, el que de lo poco que tiene comparte a los demás o el que teniendo "mucho" decide no dar?

En muchas ocasiones, somos consientes de que tenemos mucho para dar y damos, en otras ocasiones ni siquiera sabemos que tenemos para dar, y en otras, simplemente decidimos no dar. Excusándonos bajo diferentes ideas, tratando de convencernos a nosotros mismos, que es mejor no dar.

En la escuela de la vida, donde vinimos a vivir en comunidad, y aunque nos guste o no, estamos acompañados, donde no importa a donde vayamos miramos al lado y nos encontramos con un ser humano y con otras creaciones del universo, y además lo entendamos o no todos dependemos de todos, porque nadie es independiente. Aparentemente le damos a otros, pero, en realidad, sólo nos damos a nosotros mismos, y al servir a otros te sirves a ti mismo.

Nada es de nadie, nosotros sólo somos administradores de lo que se nos da, hasta la última célula de nuestro cuerpo se nos ha dado, cada talento y habilidad se nos ha dado, hasta el último centavo se nos ha dado, todo viene de la luz y a la luz debe volver.

Por eso, no tengamos miedo de dar, luchemos contra esa fuerza interna del ego, que nos dice: no des, guarda, almacena, piensa en ti y sólo en ti , no compartas, y qué si se te acaba ? y todas las excusas que nos sabemos.

Podemos si queremos, decidirnos a compartir ya! mira al lado tuyo, si tienes un ser humano cerca de ti, piensa que puedes compartir con él /ella. Pensemos en las personas, que nos han pedido y no les hemos dado, o en las que no tienen ni que pedir, porque evidentemente necesitan.

Hagamos la lista de todo lo que podemos compartir y con quien lo podemos compartir. Te imaginas si todos lográramos pensar de ésta forma, que estuviéramos más pendientes, de compartir con otro. Tú crees, que el mundo estaría lleno de gente tan necesitada? Ó de guerras? Todo el mundo compartiría de lo que tiene, no sería éste mundo mejor?

Por algo o alguien hay que empezar. Qué tal si empezamos por nosotros mismos. Observemos al rededor, y es posible que podamos descubrir, que de lo que más nos duele desprendernos, es lo que más rápido debemos dejar ir, porque evidentemente es de lo que menos necesitamos.

Al tener conciencia, de que nada es de nadie, andaremos con una maleta más liviana por la vida. Sin apegarnos a las cosas, sino que más bien, dándole más valor a lo verdaderamente importante, a nuestros hermanos, que están representados en nuestra familia, amigos, "enemigos", compañeros, o cualquiera que se nos cruce en el camino.

Ten en cuenta que aunque hay muchas cosas materiales que se necesitan, las cosas no hacen la felicidad, ayuda tener cosas, son necesarias para esta dimensión, pero son sólo recursos, hay que darle el valor que se merecen, son solamente para ayudarnos a transitar por aquí, pero no nos confundamos sobrevalorándolas.

Una vez que empieces a hacerlo, te darás cuenta, que el universo se confabula para darte más.

Ama, vibra, comparte, experimenta todo lo que te ofrece la vida, pero no te apegues a nada, recuerda que no pertenecemos aquí. (Luz)

Demos Amor, comprensión, tiempo para escuchar, perdón, atención, conocimiento, alegría, sonrisas, enseñémosle a pescar a quien no sabe pescar, demos cosas materiales, que tal darle a Lola esa blusa que tanto le gusta, que me cuesta tanto darle, porque a mí también me gusta, desprendámonos, descubramos todo lo que tenemos para dar.

Siempre cuida de dar de lo mejor que tengas, no se trata de salir de lo que no necesitamos, al dar siempre hay que dar de lo mejor que tienes, porque allí es donde tienes la oportunidad de crecer más, no se trata de deshacerse de cosas, se trata de compartir, de demostrar que eres capaz de amar y de que tienes fe de que siempre habrá más y de que el universo te proveerá.

Sólo estamos de paso, por esta dimensión, encontrándonos constantemente con pruebas que tenemos que pasar , enfrentándonos diariamente a diferentes experiencias, que nos dan la oportunidad de compartir y crecer a nivel personal y espiritual. Somos creaturas sociables por naturaleza y no por casualidad, sino por el contrario, porque hay un plan divino diseñado perfectamente, para que nadie sea independiente, para que todos necesitemos uno del otro. De alguna forma, siempre estamos construyendo redes energéticas entre nosotros, que nos recuerdan una y otra vez, que todos pertenecemos al mismo lugar, y que todos estamos conectados.

Si como hemos dicho antes, nos proponemos a mirar de ahora en adelante a las personas que nos encontremos, como una oportunidad de crecer, concientizándonos cada vez más que desde el encuentro aparentemente más insignificante como simplemente cruzarse con otra persona, hasta el encuentro más relevante en nuestras vidas como encontrarse con quien será nuestra pareja, que cada encuentro es único e irrepetible y descubrimos en cada persona que nos encontremos una experiencia de vida al compartir, colaboraríamos al despertar de la conciencia universal.

Qué tal si nos concentramos más a vernos mutuamente con los ojos del alma y no con los ojos del cuerpo, definitivamente nos miraríamos de una forma totalmente diferente, como lo que verdaderamente somos almas en crecimiento y en continua evolución, hermanos, pequeñas piezas de un todo.

Sólo inténtalo, empieza con pequeñas cosas en tu casa, en tu lugar de trabajo, en el supermercado, en la escuela, en la calle, comparte una sonrisa, cédele el lugar a alguien, saluda con amor.

Al que te pone zancadilla, o te hace trampita en el trabajo para hacerte quedar mal, que tal si le sonríes y le mandas un mensaje telepático de luz y de amor, y si es necesario obviamente, tomas todas las precauciones para protegerte de éste ser, que anda salpicando de dolor al que puede, pero que igual es tu hermano. Qué te parece, si le prestas tu oído y le regalas un poco de tiempo, a alguien que necesite hablar, una pequeña acción, puede ser algo muy grande para otra persona.

Hagamos la diferencia, sintámonos ricos, como lo que somos fuentes inagotables de luz, llenos de cosas para compartir, siempre habrá alguien a nuestro lado con quien compartir, en las miles de formas, en las que lo podemos hacer.

Enriquezcamos nuestro paso por ésta tierra, dejemos sembradas semillas para recoger los frutos, en ésta vida, o cuando volvamos. Utilicemos al máximo nuestros recursos, multipliquemos nuestras bendiciones, sintamos la alegría de vivir en comunidad, rodeados de hermanos a los que necesitamos y que nos necesitan.

Siempre Dios está al pendiente de todas nuestras necesidades y es generoso con nosotros, devolvamos lo que recibimos con mucho Amor.

Recuerda que la conciencia con la que hacemos las cosas es importante, hagámoslo conscientes que parte de nuestra misión es compartir y utilizar los recursos que se nos fueron dados de la mejor manera, no hay nada que temer, el universo está perfectamente dotado, para que todos tengamos, para que recibamos todo lo que solicitamos, pide que ya se os ha dado, está escrito y dicho solo que nos olvidamos.

Sé una bendición, en el camino de otra persona y verás como el universo se encargará, de que muchos otros sean una bendición en tu camino y para tu vida. Experimenta la alegría de dar, compartir y recibir, no hay nada que perder y todo por ganar, todo está perfectamente diseñado para que funcionemos de esta manera, el vivir en comunidad y compartir es parte del plan divino.

EL MIEDO

El peor enemigo de la humanidad

Cuando el miedo nos controla, no confiamos en nosotros mismos ni en la gente, nos protegemos y si dejamos que nos controle por mucho tiempo, nuestras realidades y situaciones validaran éste miedo.

El miedo es la forma más elocuente de negar nuestro ser, es un sentimiento de no pertenecer a Dios o de desconexión con lo divino. Y a partir de éste sentimiento, se cae en la oscuridad creando más cosas oscuras.

Preguntémonos cuántas veces hemos hecho o dejado de hacer algo, por miedo, cuántas veces hemos sido el blanco de personas que han actuado con miedo, y cuántas más hemos arrojado nuestro miedo a otros, convirtiéndolos en el blanco donde depositamos nuestro miedo.

Sincerémonos y descubramos, cuál ha sido la motivación oculta para que en algunas ocasiones en nuestra vida, hayamos mentido o nos hayan mentido, lastimado o nos hayan lastimado, hayamos sido reactivos, impulsivos, injustos, por miedo.

Que tal el miedo a equivocarse, le tenemos un profundo miedo a equivocarnos y cuando cometemos errores inmediatamente buscamos culpables, le ponemos el dedo a otro o a las circunstancias pero no queremos admitir que cometimos un error, algo tan natural errar, una condición humana para así lograr el aprendizaje.

Y ni que hablar de los más grandes aliados del miedo, la duda y la preocupación.

Si tú permites, que éstos entren en tu vida, estarás activando una baja frecuencia vibratoria en la que causarás, enfermedad física y mental.

Quien es controlado por el miedo, siempre está al pendiente de protegerse de todo y de todos, vive con sentimientos de pérdida, y minusvalía.

Tener Miedo es negar el poder que vive en ti, es desconectarte del recurso divino al que perteneces, es negar estar hecho, de la esencia más pura que existe, del Amor.

El miedo es opuesto al amor. Nosotros somos seres hijos del amor, y al temer estamos negando nuestra propia divinidad y rechazando nuestra propia identidad, es como si fuéramos en contra de nosotros mismos.

Con miedo nos paralizamos, nos lastimamos o lastimamos a otros, sufrimos o hacemos sufrir, nos causamos dolor, o se lo causamos a otros. Todo esto a consecuencia, de éste sentimiento de separación de nuestro propio ser. Si no lo detenemos a tiempo, esto se puede convertir, en un círculo vicioso donde nos volvemos generadores de más miedo.

La vibración energética del miedo es; baja, lenta, nos hace sentir tristes, en peligro y nos genera sentimientos y emociones de tristeza y de dolor. Esta vibración baja y lenta se retroalimenta así misma de miedo, lo cual significa que para poder sobrevivir, tiene que cuidar de un ambiente propicio en cual siga generando su alimento.

Es por esto, que la persona que deja entrar miedo en su vida, su tendencia es a confirmar el miedo, por lo tanto está continuamente evitando o escapando, de lo que le causa miedo, lo cual la lleva a creer en su interior que ésta amenazada o en peligro constante.

Al estar evitando y escapando, nunca se enfrenta, a lo que le causa miedo por lo tanto, sigue perpetuando sus miedos. Si la persona logra enfrentar el estimulo que le causa miedo y se da cuenta, que no confirma la expectativa negativa que estaba esperando, logrará romper el círculo vicioso que ha estado alimentando. En otras palabras, la persona que tiene miedo, va a tener miedo, hasta el momento en que descubra, que ella misma es la que ha creado y alimentado el miedo.

Esto nos lleva a concluir, que el miedo no es real, que es una creación mental, una ilusión creada por la mente, que puede ser peligrosa si caemos en su juego.

Hay casos de personas que dicen amar a otros, a su pareja, a sus hijos o familiares, y en realidad su más grande motivación para estar con ellos es el miedo, no el amor , miedo a estar solos, miedo al olvido, miedo a no ser amado , miedo a no ser validados y muchas razones más. Este es otro de los casos donde se encuentran familias u hogares disfuncionales.

Muchos de éstos miedos son generados por conflictos sin resolver de ésta vida o de vidas pasadas, y que al no resolverlos, la persona no es solamente contenedora del miedo, sino que también es generadora de más miedo y vive en búsqueda de recipientes que reciban su miedo, y si se encuentran personas, que vibren en su misma frecuencia energética, serán unidas por la disfunción del miedo, no por el amor.

Hablemos ahora un poco de las enfermedades psicofisiológicas o de origen psicosomático, muchas de ellas dicen los médicos son ocasionadas por grandes niveles de stress y han aceptado ésta explicación a nivel científico, pero vayámonos más profundo al origen espiritual del stress:

El miedo, hemos planteado anteriormente que es opuesto al amor, por lo tanto va en contra de la naturaleza Divina de un ser humano, del Amor, entonces podemos deducir que todo lo que vaya en contra de nuestra naturaleza divina el amor, nos causa stress y nos enferma, como consecuencia, desarrollamos enfermedades mentales y físicas, las llamadas enfermedades psicofisiológicas.

Algunas de éstas enfermedades ya han sido aceptadas por la comunidad científica, a continuación hay una lista de enfermedades que según la comunidad científica tienen una asociación directa con el stress y la parte psíquica de la persona:

Hipertensión reactiva, no esencial
Enfermedad coronaria (angina de pecho)
Taquicardia
Arritmias Cardiacas Episódicas
Trastornos Respiratorios
Asma Bronquial
Síndrome de hiperventilación
Taquipnea
Disnea
Sensación de Opresión Torácica
Trastornos Inmunológicos:

Gripe

Cáncer

Herpes

Lupus

Fibromialgia

Artritis reumatoide

Trastornos endocrinos

Hipertiroidismo

Hipotiroidismo

Diabetes

Dismenorrea

Trastornos Gastrointestinales

Síndrome del intestino irritable

Dispepsia funcional

Úlcera péptica

Colitis Ulcerosa

Estreñimiento

Intestino Perezoso

Aerofagia (gases)

Espasmos Esofágicos

Trastornos Dermatológicos:

Sudoración excesiva

Dermatitis Atípica

Alopecia Areata

Urticaria crónica

Hipersecreción de grasa cutánea

Rubor facial

Tricotilomania

Neuralgias

Cefalea tensional

Migraña

Lumbalgia

Tortícolis

Tics

Temblores

Contracturas musculares

Bruxismo

Trastornos Sexuales

Impotencia

Eyaculación Precoz
Coito doloroso
Vaginismo
Alteraciones de la libido
Afecciones Urinarias:
Prostatitis
Cervicotrigonitis
Enuresis Nocturna
Urolitiasis
Cistitis Intersticial

Como podemos ver, el miedo que tiene su raíz a nivel espiritual, se pasa al área mental, y se somatiza en el cuerpo físico. Pero también el miedo es el responsable y la gran motivación, de otro tipo de sentimientos y conductas , como del egoísmo, la envidia , los celos, inseguridad, desamor, engaño, la mentira, deshonestidad, violencia, negación, y así sucesivamente, muchos otros sentimientos y conductas que están generadas por el miedo.

Ejemplos:

Egoísmo = No comparte, porque tiene miedo de no recibir.

Envidia = Cree que no tiene o tiene miedo de no recibir por eso envidia.

Celos = Sentimiento de no merecer amor, y miedo de perder algo.

Inseguridad=El sentimiento de ser menos de lo que se es, miedo de no ser.

Desamor= Miedo a amar y ser amado no se entregan al amor ni dan Amor.

Engaño= Miedo a no recibir si dices la verdad, por eso engaña.

Mentira= Miedo a perder algo, o a no recibir si dices la verdad.

Deshonestidad= Engaño a sí mismo y a otros por miedo a perder algo o a no recibir.

Violencia= Miedo a no recibir por medio del amor.

Negación= Miedo a enfrentar la verdad, miedo a no poder resolver.

Vicios: (drogas, alcohol) miedo a enfrentar.

las drogas son un acto de escapismo, son la máxima expresión del miedo a la experiencia, Miedo a enfrentar. (Luz)

Conclusión: Cualquiera que sea la expresión del miedo, siempre generará más miedo. Porque el miedo se alimenta de miedo, porque el miedo es la negación de tu ser, por que el miedo es algo que sólo existe por que la persona libremente decide crearlo y alimentarlo, porque si la persona decide no vivir en el miedo, el miedo tiene que morir, porque nosotros somos creadores y por lo tanto el miedo es una creación de nosotros, y si nosotros decidimos no alimentar ésta creación su único destino es, desaparecer.

Ahora pues, si estás en el punto donde has captado la idea, de lo que es el miedo y de su origen, queda en ti decidir no crear más miedo, por el contrario se trata de crear, todo lo que enriquezca tu vida.

Si has decidido acabar con el miedo, es bueno que sepas que cuando se ha sido creador por mucho tiempo de sentimientos de miedo, y por lo tanto como consecuencia conductas que expresan ése miedo, por simple lógica te has vuelto un experto en tu creación y mantenimiento del miedo. Por lo tanto, lo más obvio es pensar, que lograr salir del hueco profundo y oscuro donde te has metido, no va a ser tarea fácil. Créeme, no es gripa que se quita en una semana.

Piensa en cuanto tiempo te has gastado creando y alimentando pensamientos negativos de miedo, expresando conductas de miedo y obviamente creando realidades que validan ése miedo, así como te has tardado un tiempo en ser experto creando miedo, te tardarás un tiempo, en volverte un experto en cancelar tu creación.

Entonces prepárate para trabajar arduamente en liberarte de el miedo en pequeña escala o del monstruo que has creado si ya está muy grande.

Lo que quiero decir con esto es que es difícil pero no imposible. Mi objetivo con éste libro es motivarte para que nazca la semilla en ti de liberarte de cualquier esclavitud que tú mismo hayas creado.

Algunas veces logro motivar a la gente hablándoles bonito, y otras veces simplemente no hay una forma bonita de decir lo que se tiene que decir claramente. Ya que el objetivo final es colaborar de alguna forma con el despertar de la conciencia, para que así nos responsabilicemos de nuestras vidas y dejemos atrás la mentalidad de victimas. Y en ésa medida, por lo tanto, recuperar el control de nosotros mismos y de nuestras vidas. Todo esto significa, trabajo arduo, a cada momento tenemos que ganarnos la luz.

Que quiero decir cuando hablo de recuperar el control de nosotros mismos y de nuestras vidas ?

Para explicar más a fondo éste concepto, repacemos brevemente, de que somos dueños nosotros:

Los seres humanos Somos dueños de:

Nuestro propio mundo, mente, pensamientos, decisiones y acciones, de nuestra felicidad o miseria, del éxito o fracaso, de nuestra conciencia, de nuestra vida actual……. y de nuestro próximo retorno. En esta vida estoy creando y construyendo mi próxima reencarnación, todo lo que somos y experimentamos es creación nuestra.

He estado donde he tenido que estar, se me ha proveído con lo que he necesitado, mis elecciones me han traído donde estoy. (Luz)

Nosotros estamos a cargo. Mi mente está a mi servicio, no, yo, al servicio de mi mente, mis pensamientos están a mi servicio, no, yo, al servicio de mis pensamientos.

Entonces sabiendo esto hay que hacer un plan de acción, donde poco a poco vayamos liberándonos de los miedos.

Si tus miedos son ya, tan grandes que sientes, que no puedes hacerlo solo/a, busca ayuda profesional; pero empieza ya, el momento del poder es, hoy aquí y ahora, como lo hemos dicho anteriormente, nunca olvides eso.

Listo? Ok tips para liberarse del miedo:

1. Ten en cuenta que es un trabajo diario, como decía la abuela despacio y con buena letra.
2. Cuando abras tus ojos en la mañana, se consciente que si tú corazón late fuerte y respiras es porque Dios te ha dado una nueva oportunidad, de aprender cosas nuevas y de corregir, lo que tengas que corregir.
3. Concientízate de tu respiración, la respiración no sólo oxigena nuestro cerebro y nuestras células, sino que también, es un puente que nos conecta con mundos superiores. Aún acostado/a busca un punto fijo en el techo, mira el punto sin parpadear, luego, toma una respiración por la nariz, la sostienes y la dejas salir lentamente por tu boca, luego una segunda respiración, la sostienes y empujas el aire despacio por tu boca, y una tercera respiración, la sostienes y cierras tus ojos y a medida que vas dejando salir el aire por tu boca, le mandas un mensaje a tu cuerpo de que se relaje y agradeces a Dios, por el nuevo día.

   Agradece esta nueva oportunidad de vida, al desarrollar el sentimiento de apreciación por lo que ya tienes, retienes lo que ya es tuyo y además abres los brazos para recibir más bendiciones.

   Abre ahora los ojos listo para un nuevo día.
4. Durante el día, alimenta tu mente con autoafirmaciones positivas, si viene un pensamiento negativo, cancélalo y cámbialo por una autoafirmación positiva, ya has sido por mucho tiempo experto en pensamientos negativos, ahora se trata de que te conviertas en un experto, en pensamientos positivos.
5. Alimenta saludablemente tu cuerpo y tu alma con conocimientos nuevos: lee, escucha, comparte conocimientos que nutran tu espíritu.

6. Aléjate de lo negativo, ya que si te quedas allí, te sintonizarás en bajas vibraciones.

7. Comparte da y recibe amor, el amor es energía y la energía debe completar su ciclo, se da y se recibe.

8. Bebe Agua fluidificada o energizada con tu propio amor, el agua es la expresión física de la luz y tiene la propiedad de atrapar la energía que está alrededor, y cargarse con ésta energía, así que la podemos cargar con energía de amor, paz, serenidad, armonía, luz. Pon tus manos sobre el agua y envíale pensamientos de amor, pídele a Dios que ponga en el agua todo lo que necesitas para tu sanación, y bébela con la certeza que te ayuda a sanar. Ojo, si estás en un lugar donde hay desarmonía, conflicto, pelea alrededor, no tomes agua que haya sido expuesta en ese lugar a energía en desarmonía, acuérdate que, el agua se carga con la energía que hay alrededor positiva o negativa.

9. Toma tiempo para descansar entre tus labores diarias, con unos minutos que te tomes para ti mismo, estarás haciendo un ejercicio mental para desarrollar tu conciencia.

10. Los colores tienen diferentes frecuencias y de acuerdo a su frecuencia vibratoria, se usan para nuestra sanación, sugiero que usen el color azul. Mira el azul del cielo y piensa que lo puedes respirar, cierra tus ojos y respira el azul, sostén el aire un poquito y luego empújalo despacio hacia afuera, mientras piensas en la palabra paz, respira más azul sostenlo y piensa en la palabra armonía, mientras vas empujando el aire despacio hacia afuera y así sucesivamente con la palabra serenidad, luz, amor. El azul es antiséptico, calma los nervios, tiene un efecto refrescante, alivia el dolor, actúa como sedante, reduce la frecuencia del pulso, calma, armoniza, protege. Luego de Haber respirado el azul, combínalo con un poco de verde, ya que el verde equilibra, suaviza, sana, regenera, sosiega todo el sistema nervioso, combate stress y tensión.

11. Mantente alerta, si el miedo te quiere atacar, echa mano de tu bolsa de herramientas, concientízate de tu respiración para oxigenar tu cerebro, autoafirmaciones positivas, agua , respiración de azul, y todo lo recomendado anteriormente.

12. Al finalizar el día cuando ya estés en tu camita, vuelves hacer tu ejercicio de respiración. Punto fijo en el techo, 3 respiraciones profundas, cierras tus ojos, da gracias a Dios y recuerda que; el día se hizo para trabajar y la noche para descansar.

Buena suerte con el trabajo que has decidido realizar, de liberarte del miedo.

Si por el contrario no has captado la idea de lo que es el miedo, no hay problema, lo importante es que sigas buscando más información o que empieces de alguna forma a interesarte por investigar el origen del miedo, cuando ya estés cansado de sentir miedo, tendrás un buen motivo para sanar, para empezar la liberación de la esclavitud de tu propia creación.

EL CHISME

**Forma muy efectiva de
propagar la oscuridad**

Uno es dueño de lo que calla y esclavo de lo que habla."
(Sigmund Freud)

Si aplicamos lo que hemos citado anteriormente de que todos somos UNO, llegaremos a la conclusión, de que cada vez, que hablamos de nuestro prójimo estamos creando oscuridad para otras personas y para nosotros mismos.

Porque hablamos de crear oscuridad con el chisme? Para contestar esta pregunta, analicemos que tiene de positivo un chisme.

1. Usualmente cuando se está chismeando de alguien, ese alguien no está presente para defenderse, de hecho para empezar, eso ya no suena bien.
2. El chisme va de boca, en boca y cada persona le va añadiendo de su propia cosecha, como: interpretación, juicio, calumnia, inventando más de lo que era inicialmente, y la propia energía de la intención del que lo va pasando.
3. El concepto de chisme siempre tiene una connotación negativa, nunca se hace con motivo de ayudar al protagonista o protagonistas del chisme, sino por el contrario de dañar.
4. Al chismear, estamos utilizando nuestra valiosa energía en dañar a otros y por lo tanto contagiamos a otros con ésta misma baja frecuencia vibratoria. Y como todo lo que tiramos al universo se regresa, creamos oscuridad para nosotros mismos.
5. Estamos distraídos, enfocados en las vidas ajenas, en vez de estar enfocados en nuestra propia vida, que al final es de lo único que un ser humano tiene control, de su propia existencia.
6. A nivel energético, con el chisme colaboramos a esparcir las enfermedades virulentas por todo el mundo. Todo es energía, hasta la enfermedad, y por lo tanto las enfermedades se alimentan de energía en desarmonía, chismear es energía desperdiciada y mal usada.
7. Recordemos que la palabra tiene poder, tiene poder de destruir y poder de crear. Y cuando utilizamos ésta energía a nivel de chisme estamos destruyendo la imagen o reputación de otra persona, o nuestra propia imagen o reputación,

creando dolor para otros y para nosotros mismo, eso por citar algunos ejemplos.

8. El que habla de otros, habla de sí mismo, por su boca sale energía destructora, que colabora con su propia destrucción. Quien no sabe identificar un chismoso? Una vez identificado, los sabios lo evitan, y los que vibran en su misma frecuencia, lo ayudan a alimentar con su propia energía, generando oscuridad.

9. Tanta oscuridad crea el que cuenta el chisme, como el que se presta a escucharlo, y también, oscuridad para la persona de quien se está hablando.

10. Recordemos que de lo que tu boca habla es de lo que tú corazón está lleno. Tú crees que una persona llena de amor a sí mismo y a los demás, va a desperdiciar su valiosa energía en chismear?

11. El efecto Boomerang, todo lo que tiras al universo se te devuelve y con más fuerza, al chismear estamos generando dolor para otros y ese dolor se devuelve de alguna u otra forma , la energía siempre debe terminar su ciclo, llega a donde tiene que llegar y luego da la vuelta y se devuelve a su origen.

12. El poder de un chisme es impresionante es capaz de dañar la buena imagen y la reputación de una persona o hasta de contaminar todo un grupo o sociedad de personas, ya que se siembra la duda de la honorabilidad de otra persona.

Bueno y de ahí para delante utiliza tu imaginación y te darás cuenta que el chisme no tiene, ni trae nada de bueno. Por eso te animo a que paremos de chismear, a que le pidamos a Dios que nos ayude a utilizar el recurso divino de la voz en comunicarnos mejor, a evitar a toda costa el hablar de otros, a detener a los que vienen con chismes y darles un mensaje de amor. Dejándole saber que no estás interesado en participar del chisme, a utilizar la voz como medio de comunicación efectiva. Utiliza tu voz para decir sí con amor cuando quieres decir sí , y a decir no, con amor, cuando quieres decir no.

Piensa nuevamente en tu boca, (como lo hiciste anteriormente donde hablábamos de compartir), cierra por un momento tus ojos y visualiza tu boca, dile que la amas profundamente, infinitamente, que estás muy agradecido/a con todo lo que hace por ti, piensa en todas las cosas maravillosas que hace tu boca , desde cosas tan sencillas y simples como ayudarte a alimentarte, comunicarte, y cosas tan sublimes y profundas como darle un mensaje de amor a alguien que amas o aprecias, un mensaje verbal, o un mensaje que no necesita palabras como una sonrisa o un beso. Trae a tu memoria todos los besos de amor, que has dado y visualiza todos los que darás.

Reconoce que Dios te dio la boca para que la utilices productivamente, admite que con tu boca puedes ayudarte a sanar tú mismo y contribuir a la sanación de otros, ten en cuenta que el pensamiento y el lenguaje van de la mano y prométete a ti mismo, en pensar positivamente para que tu boca hable positivamente.

Piensa ahora en tus fantásticos oídos, en una melodía hermosa, en tu música favorita, o simplemente en el susurro del viento, piensa en, todos los sonidos e información que ellos te dan; en que colaboran con comunicarte efectivamente, y además te dan información del mundo exterior. Ahora, diles que los amas, que los utilizarás como herramientas preciosas para escuchar mensajes, que necesites, para experimentar, positivamente la vida y para escuchar mensajes de amor.

Cada parte de nuestro cuerpo es sagrada. Cada órgano y pedacito de nuestro cuerpo, se nos fue dado con un propósito divino, para que los utilizáramos para tener una experiencia de vida feliz, para que aprendiéramos de la interacción con otros, y con el universo. La relación con otros es la que nos enriquece, la que nos brinda la posibilidad de aprender y de que otros aprendan.

No desperdiciemos nuestros preciados recursos en crear oscuridad y dolor para el mundo.

Nuevamente mira a tu prójimo como lo que es, tu hermano y reconócete en ellos. Si somos capaces de reconocer nuestra propia divinidad, seremos capaces de reconocer la divinidad que vive en otros, porque simplemente fuimos creados con la misma chispa divina, todos venimos del mismo lugar lleno de luz y a él debemos retornar. Aquí estamos de paso, teniendo una experiencia humana. Todos vinimos a lo mismo, a cumplir con una misión, a aprender por medio de nuestras relaciones con otros, a dar amor y recibir amor.

Démonos la oportunidad de pedir perdón de corazón, por todas las veces que hemos mal utilizado el recurso de la voz y/o de nuestros oídos hablando de otros, y/o escuchando asuntos de otros. Tomemos la decisión de que a partir de hoy, haremos todo lo mejor por evitar, cancelar o huir del chisme.

Hagamos de nuestra voz y de nuestros oídos una herramienta preciosa de comunicación, empecemos desde hoy aquí y ahora a bendecir, amar, sanar, proyectar luz, crear con nuestra voz una red de energía de amor, para nosotros mismos y para otros.

Siempre es un buen día para empezar a enmendar. Recuerda la señal: Si estamos vivos, es porque tenemos una oportunidad de subsanar y de aprender cosas nuevas para nuestras vida. No desperdiciemos nuestra maravillosa oportunidad de vida en recriminaciones o sentimientos de culpa, reconozcamos que el objetivo es cambiar y ser cada día mejor persona, mejor hermano de nuestro prójimo, mejor proveedor y receptor de amor.

Mándale un mensaje de amor mentalmente, a todos los que de alguna forma consideras que lastimaste alguna vez con tus palabras, con la certeza de que ellos te escuchan, pide perdón y perdona, a los que han hablado mal de ti, sin esperar a que ellos te pidan perdón, eleva una plegaria al creador, pidiendo ayuda para hacer las cosas mejor de ahora en adelante. Pide guía, para que tu camino esté más iluminado.

Y si viene un chismoso, utiliza la técnica de redirigir la energía, es la misma técnica de la que platicamos en el capítulo del juicio.

Siéntete feliz, de tener la oportunidad de cambiar y de haber elegido cambiar, porque de nada vale tener la oportunidad si no la tomas y la usas. Cada paso que tu das hacia adelante, es ganancia, si has decidido dar un paso adelante hoy, y parar el chisme, has decidido, SANAR !

CULPANDO A OTROS DE TUS PROBLEMAS

Mintiéndote a ti mismo y negando tu divinidad

Nuestros pensamientos y acciones son semillas, cuida de sembrar, solo lo que quieras cosechar.

El que culpa a otro de sus problemas está en un profundo grado de inconsciencia, donde no solamente crea dolor para otros, sino para sí mismo.

Hemos hablado anteriormente de que somos creadores y si has entendido éste concepto, se te hará muy fácil entender que todo lo que nos sucede o lo que llamamos "problemas" es el resultado de nuestra propia creación. Una creación que sucedió en algún tiempo pasado, ya sea en el pasado de nuestra presente vida o de otras vidas, pero al fin y al cabo nuestra propia creación.

Todo lo que nos pasa o acontece, vivimos, experimentamos, sea percibido como algo positivo o negativo, como premio o como castigo si lo podemos llamar así, en algún momento de nuestra existencia lo creamos nosotros mismos.

Han oído alguna vez el dicho de que Dios no se queda con lo ajeno?

Bueno un dicho muy sabio, ya que cada cosa que experimentamos es creación nuestra, hay algo que tenemos que aprender de la situación, hay algo que tenemos que pagar, algo que tenemos que entender, o simplemente algo que tenemos que enseñar.

Para poder entender más claramente éste concepto, inevitablemente hay que hablar de reencarnación. Absolutamente nada pasa por casualidad, esto también lo hemos señalado anteriormente, todos los eventos situaciones y personas están conectados por los finos hilos de la causa y el efecto, todo efecto fue causado en algún momento, lo que pasa es que no nos acordamos, así de sencillo.

Las almas estamos destinadas a completar ciclos, y a equilibrar cargas para así producir el balance, incluso hasta las más mínimas actitudes, palabras, pensamientos y gestos que les demos a otros son generadores de reacciones que creamos en el universo, originando un ciclo, un circulo que se debe completar y cumplir, todo lo que tiras al universo se devuelve, eso es un hecho.

Hay un espacio entre la causa y el efecto que se llama a nivel humano "tiempo" el tiempo, es lo que hay en medio de una acción "buena" y un efecto "bueno" , tiempo es lo que hay entre un acción "mala" y un efecto "malo".

Pongámoslo con ejemplos:

Digamos que en algún momento de nuestra existencia nos portamos "bien" hacemos cosas "buenas" por nosotros mismos y por otros, pasa el tiempo y nos empieza a ir de maravilla, las cosas nos salen bien , estamos felices y sentimos nuestra vida llena de bendiciones, y muy seguramente no somos conscientes de donde han venido todas éstas bendiciones. Claro, ha pasado el factor tiempo y se nos olvidó todas las buenas acciones del pasado, pero en verdad todo lo que estamos recibiendo en éste momento es la consecuencia de nuestras acciones buenas, es simplemente nuestra cosecha, de la semilla que sembramos. Y estamos hablando no solo de éstas vidas sino de vidas pasadas, acuérdate que aquí estamos hablando a nivel profundo, de la raíz de las cosas.

Pero planteemos el caso contrario nos portamos "mal" hacemos cosas "malas" contra nosotros mismos y/o contra otros, pasa el tiempo y nos suceden cosas horribles, dolor , nos encontramos con gente que nos lastima , que nos da desamor , nos sentimos tristes y desolados, nacemos con enfermedades, cuando sufrimos buscamos culpables, es que tú me hiciste, es que por tú culpa, es que yo soy así por que cuando niño me paso esto aquello o lo otro, es que las circunstancias de mi vida han sido muy difíciles, es que nadie me entiende, es porque tú o aquel o aquellos, me pasa esto y lo otro, es que Dios no es justo, unos nacen llenos de salud y otros no, unos nacen ricos y otros llenos de necesidades, etc.

Pero en realidad es que por el factor tiempo no lo hemos tenido en cuenta, se nos olvidó lo que hicimos anteriormente y de que somos los responsables de todo lo que nos pasa, es porque hasta lo más mínimo que sucede en nuestras vidas es creación propia, y si logramos entender esto créanme que, vamos a pasarla mejor.

Con todo respeto para mis hermanos religiosos, pero lo que me enseñaron cuando era niña en la religión de que cuando uno se muere si se porta mal se va al infierno y si se porta bien se va al cielo, nunca me lo creí, porque simplemente mi alma no reconocía ésta información como cierta. El cielo y el infierno no lo hacemos nosotros y es aquí en ésta dimensión, donde lo percibimos.

Nuevamente concepto revisado que debemos enlazar, Dios es amor puro e infinito amor. Ustedes creen que un Dios de puro amor, un padre amoroso nos va a dar solo un chance de vida para que hagamos las cosas bien y si no las hacemos bien a la primera nos manda al infierno por el resto de la eternidad? sin tener oportunidad de reivindicarnos y de regresar a re-encontrarnos con los que lastimamos y poder corregir lo que hicimos mal? Yo no sé ustedes, pero a mí no me suena a verdad. Respetuosamente y con amor, no con el ánimo de ofender o juzgar a mis hermanos religiosos, opino que, lo que le enseñan a uno en la religión es a tener miedo, a evitar actuar mal, no por amor, a uno mismo y al prójimo, sino por miedo al infierno y/o al castigo.

Cuando en verdad debemos actuar bien por conciencia de amor, de saber que somos puro e infinito amor, de que vinimos acá a amarnos y no porque nos da miedo, que Dios nos va a castigar si nos portamos mal.

Dios no nos castiga, si él es puro e infinito amor y perfección. Como podría castigarnos? Nosotros somos sus amados hijos, hechos a su imagen y semejanza, somos creadores de nuestro propio cielo o nuestro propio infierno.

Ahora por que decir que nos estamos mintiendo a nosotros mismos, (como se menciona en el título del capítulo), pues porque si no tenemos conciencia de que nosotros somos creadores y culpamos a otros de todo lo que nos pasa, estamos creando una mentira que no solamente causa dolor a otros y a nosotros mismos, sino que también nos causa una pérdida de tiempo, originando como resultado seguir dando vueltas en las ruedas del alma.

En vez de concentrarnos en nosotros mismos, en lo que debemos corregir y en reconocer la divinidad que existe en nosotros, al culpar a otros de lo que nos pasa, estamos eligiendo posponer nuestro crecimiento espiritual. Digo posponer porque al final en algún momento de nuestra existencia, ya sea en ésta vida o en otra, tendremos que concientizarnos y avanzar. Porque al final hay que cumplir con nuestra evolución.

Tenemos que hacer la tarea ahora o después, pero hay que hacerla. (se ampliará éste concepto en el capítulo de Nunca te rindas)

Es algo así como cuando te vas a una universidad a estudiar una carrera, vamos a poner un ejemplo de un ingeniero. Si quieres ser un ingeniero, vas a la universidad, te muestran el plan de estudios, las clases que debes tomar y te dan la opción de tomar ésas clases, en un promedio de 4 o 5 años, al final cuando hayas pasado todas tus materias y si no te atrasas en ninguna de ellas, te podrás graduar con el título de ingeniero, pero eso no significa que todo el mundo se va a tomar 4 O 5 años, es tu elección si quieres tomar éstas clases, en más, o menos tiempo 3, 4, 5, 6, 7, 10, 15 20…. años, los que tú te quieras tomar, pero al final para poderte graduar tendrás que, haber tomado todas las clases sin excepción, el tiempo que te tomes es asunto tuyo, pero las clases, es obligatorio tomarlas todas.

Así es el crecimiento espiritual, te dan las clases que debes tomar y tú decides cuántas vidas te tomas para completarlas. Con el agravante que entre más inconsciencia tengas de las cosas, mas Karma negativo generarás. Esto funciona para los que creen y los que no creen en la reencarnación. Es algo así como en las leyes humanas, si rompes una ley que no sabías que existía, el no haberlo sabido no te exime de la consecuencia si llegas a romperla. "Ignorancia de la ley no es excusa de la ley".

Algunos pensaran, y de que se supone que me voy a graduar?

Si partimos del punto de que somos espíritus teniendo una experiencia humana, es porque de alguna u otra forma hemos elegido tener una experiencia humana para avanzar en nuestro crecimiento espiritual.

Al final nos graduaremos como espíritus ascendidos y eso lo lograremos cuando ya seamos espíritus con un gran avance espiritual, donde ya no necesitaremos un cuerpo, donde ya hayamos aprendido todo lo que teníamos que aprender por medio de la experiencia y transmutado todo el dolor en amor.

Porque al final todo se debe convertir en amor, ya que el amor es lo único real, el resto es una ilusión que se nos presenta, como forma de aprendizaje. (concepto ya revisado, haz el enlace)

Mi sugerencia querido lector, es empezar a concentrarse más en sí mismo, en la conducta propia, en responsabilizarse por cada acto, en dejar a un lado el papel de victimas, en asumir el papel de creadores y en reconocer que nosotros tenemos el poder de cambiar.

Hay que despedirse de los dramas, de la costumbre de estar mirando a los otros como los culpables de lo que nos pasa, o de que si no hay a quien culpar, de culpar a las circunstancias.

Si empezamos a ver todos los eventos de la vida, como una oportunidad de aprendizaje, y entendemos que hay que corregir y decidimos corregir. Y tomamos las experiencias de la vida como una oportunidad de avanzar como algo positivo, alimentando nuestro día a día con la alegría de vivir y poder compartir con otros ésa oportunidad diaria de dar y recibir, nos podremos enfocar en nuestro propio crecimiento, y así estaremos cada día, dando un paso hacia adelante en nuestro avance espiritual y muy posiblemente se nos va a hacer más fácil el camino.

Al decidir ser honestos con nosotros mismos, descubriremos que la verdadera honestidad empieza, cuando resolvemos el conflicto interno, de admitir que somos dueños de nuestro mundo y creadores de todo lo que nos rodea, en ése preciso momento empezaremos a responsabilizarnos y a construir creaciones que nos ayuden a SANAR.

ENVIDIA

**Semilla de muchas maldades,
otra vez fuera de enfoque**

La envidia es mil veces más terrible que el hambre, porque es hambre espiritual. (Miguel de Unamuno)

La Envidia es un sentimiento de no merecer y generador de "maldad" hacia otros. Además se cae nuevamente aquí en el error de estar enfocados en otros y no en nosotros mismos.

Como pueden observar uno de los mensajes de éste libro es el de conducir nuestra atención a nosotros mismos, mientras estemos mirando lo que hacen, o no hacen otros, los logros, las fallas, lo que tienen o no tienen, otros, siempre estaremos distraídos.

El envidiar a otra persona, no solo conduce a sufrir pensando que no somos merecedores de lo que queremos o necesitamos, sino que también en muchas ocasiones es el motivador de "malas" acciones en contra de otros. Cuanto conflicto nos ahorraríamos por ejemplo en las empresas donde hay tanta competencia a nivel laboral, si el motivador de ésta competencia fuera el deseo de ser cada vez mejor, o de hacer un mejor trabajo y no la envidia por que otro sobresalga más que yo.

Sufrimiento y telarañas de dolor se tejen en los trabajos, basados en la envidia de los unos a los otros, injusticias y Karma negativo generado, gracias a la envidia. Todo esto producido por el sentimiento de no merecer, de sentir que no se tiene luz propia, de una baja autoestima y como consecuencia, erróneamente muchos deciden opacar la luz de otro, para poder brillar.

En las escuelas, entre amigos, en las familias, en las iglesias, en cualquier lugar donde haya un grupo de personas, puede haber sembrado el sentimiento de la envidia, por ahí dicen que la envidia es mejor despertarla que sentirla, pero la verdad es, que en muchas ocasiones tanto sufre el que la siente como el que la despierta, ya que al despertar envidia en otros, se está siendo receptor de uno de los sentimientos de más baja vibración que existe.

El que envidia a otro o a otros, sufre creyendo que es menos que otros, está negando su poder de crear cosas positivas para sí mismo, está opacando su propia luz y definitivamente fuera de enfoque.

Proyecta dolor a los demás y como resultado causa más dolor a sí mismo, es una forma muy evidente de desconfianza hacia su propia persona, creyendo que no puede lograr conseguir lo que quiere, es sentirse profundamente inferior a los demás.

Y como lo hemos dicho antes; cómo podemos dar amor a otros si no tenemos amor por nosotros mismos? Enlacemos éste concepto. El envidioso proyecta todo su desamor a su prójimo y así como siente infelicidad por desear lo que otros tienen y siente que no puede tener, salpica de infelicidad al objeto de su envidia. Es entonces no solamente un sentimiento autodestructivo, sino que a su vez peligrosamente destructivo para otros, ya que el envidioso es infeliz y da de su infelicidad a los que lo rodean.

En su profundo dolor y desamor el envidioso puede desarrollar sentimientos de odio hacia quienes envidia, se siente amenazado por las cualidades, los éxitos y posesiones de otros y vive atormentado por el bienestar de los demás.

Las expresiones de la envidia pueden ir desde palabras abusivas hasta conductas abusivas, dañinas y violentas hacia otros. La envidia tiene una connotación de inmadurez; no solamente a nivel cognoscitivo, como muchas teorías psicológicas lo dicen, sino a nivel más profundo, es inmadurez espiritual.

Es la negación del poder personal, de la dotación de la que tanto hablamos que el creador nos dio, es sentirse desdichado por carecer de lo que otros tienen, sin entender que ése sentimiento de carencia es sólo el resultado de su propia creación.

Creer es crear! y si te crees no merecedor de la felicidad pues habrás creado infelicidad, si crees que no mereces recibir, pues habrás creado necesidad, si crees que eres pobre, pobre serás, si crees que no puedes pues no podrás... y así sucesivamente nuestra propia percepción de nosotros mismos, de las cosas y del mundo que nos rodea es lo que nos hace construir todo lo que poseemos a nivel de cualidades o de cosas físicas. Cómo podemos tener si estamos enfocados en lo que otros tienen? Y no, en lo que ya tenemos y podemos crear y obtener.

Si ya estás cansado de sentir envidia, de sufrir y hasta muchas veces de odiar a otros, por que ellos tienen y tú no. Si ya estás harto de ser presa de sentimientos bajos, que te hacen sentir miserable, si ya no puedes más tolerar las emociones negativas que te produce el observar que tus hermanos tienen cualidades y cosas materiales que tu deseas y son felices. Entonces, es un buen momento, para que te decidas a liberarte de toda ésta lluvia de sentimientos de infelicidad.

Y Como lo hago?

Estos son los pasos que uso con mis clientes y funciona. Te advierto, para que funcione éste método, necesitas seguirlo paso a paso y ser muy disciplinado, es cuestión de tomar en serio el objetivo y mantener el enfoque.

También necesitas estar absolutamente harto del sufrimiento que causa la envidia, pero si no sientes que ya estas harto de éste padecer, entonces eso es indicativo, de que simplemente necesitas sufrir más, para que llegues al punto de estar listo.

1- Cualquiera que sea la idea que tengas de Dios. Reconoce que Dios no se equivoca, que él te dio las cualidades físicas e intelectuales que tú necesitas para ésta experiencia de vida.

2- Acéptate y amate tal y como eres, con tus defectos y virtudes.

3- Aprecia lo que ya tienes, agradécelo y abre los brazos para recibir más.

4- Piensa positivamente, haz una lista de todo lo que quieres hacer y conseguir en la vida. (Todo en la vida empieza por un pensamiento).

5- "Siente" Cierra tus ojos, manda el pensamiento de lo que quieres al universo y siente en tu cuerpo que puedes lograrlo.

6— Actúa! (estamos en un mundo de Acción) en esta dimensión hay que actuar, el que se queda pensando y sintiendo y no hace nada, ha encendido la chispa divina de la creación, pero le falta el poder de la acción!

7- Cuando ya has hecho lo que tienes que hacer, celebra tus pequeños y grandes logros.

8- Mira a tu alrededor y reconoce que eres parte de un todo, tu eres una ficha importante del rompecabezas del universo, tú aporte es valioso.

9- Date cuenta que todo éste tiempo has estado enfocado en ti mismo, amándote, cuidándote, apreciándote. Celebra éste logro!

10- Ahora sí, observa a los demás, pero con los ojos del alma, no con los ojos del cuerpo y los verás como tus hermanos, en su propia lucha, tan importantes y valiosos como tú.

11- Siéntete liberado, porque tú lo has querido, porque tú mereces ser feliz. Celebra tu victoria!

12- Da y recibe Amor ésta es tu esencia divina.

13- Comparte tu experiencia y conocimiento con otros que lo necesiten, colabora con su liberación.

Ahora disfruta de una vida llena de retos y bendiciones, de luchas y victorias, de éxitos y obstáculos por vencer. Mira a tu alrededor y reconocerás, que aunque la vida te confronte día a día, tú estás listo para vivirla y para gozarla. Que sólo necesitaste cambiar tú mismo para que tu mundo cambiara alrededor.

Pues es así como funciona. Si yo cambio, el mundo cambia a mi alrededor. Sólo podemos cambiarnos a nosotros mismos, no podemos hacer que otros cambien, eso es asunto de cada persona. Pero si yo decido cambiar, estoy colaborando con el cambio de la humanidad, porque lo que cada persona hace a nivel individual, tiene un efecto a nivel universal.

Ahora, no nos confundamos, no quiere decir con esto que no podemos colaborar al cambio de los demás, claro que lo podemos hacer, pero recuerda siempre que es colaboración, la decisión y el trabajo es personal.

QUEJANDOTE

**De que te quejas? Si al
final todo lo eliges tú**

Nunca debe el hombre lamentarse de los tiempos en que vive, pues esto no le servirá de nada, en cambio en su poder está siempre mejorarlos. (Thomas Carlyle)

Vamos a empezar por definir queja, como está en el diccionario.

Quejar = Del Latín quassiare, de quassure = golpear violentamente, quebrantar.

Quejar = Significa expresar con la voz el dolor o pena que se siente y manifestar, disconformidad con algo o con alguien.

Está bien, muy seguramente sea justo y necesario quejarse algunas veces, con el objetivo de solucionar una situación, o llamar la atención a alguien para reparar un conflicto o asunto, para corregir una injusticia. Cuando la utilizamos como un recurso de resolución de conflictos, la queja tiene un propósito productivo.

Pero es asunto diferente, cuando nos convertimos en quejumbrosos profesionales o cuando hacemos de la queja un hábito. Y ni que decir cuando nos encontramos con personas, que desde que te saludan se están quejando. Les ha pasado alguna vez?

Ejemplo:

Escenario: El lugar de trabajo.

Buenos días, como amaneciste?

Respuesta: Pues otra vez aquí, lunes, trabajando como crees que me siento? ya quisiera que fuera Viernes.

Te dejan sin palabras, y no crean que, fue que ese día de casualidad te encontraste a ésta creatura del universo sintiéndose mal; el asunto es repetitivo día a día, invariablemente tienen una queja y si te atreves a quedarte otro rato más a conversar, lo que sigue son más quejas de todo y de todos, y si por casualidad quieres, darle un mensaje positivo, resulta que estás fuera de la realidad, son algo así como profesionales

139

en el arte de quejarse y de ver todo lo negativo de las cosas, mejor dicho : Como dirían en mi tierra, más positiva una resta.

Detrás de cada queja, el destino esconde una enseñanza, que sólo lograrás ver, cuando dejes de quejarte. (Platón)

La vida es un constante cambio, y como ya lo hemos dicho, es una escuela donde se aprende todo el tiempo y cada evento, asunto o situación tiene su razón de ser.

Mucho más allá de lo que nuestra mente humana es capaz de entender, hay una explicación de por qué nos sucede cada cosa en la vida. Sin embargo, en muchas ocasiones decidimos quejarnos, gastar nuestra preciosa energía quejándonos de nuestra suerte, de lo que hicimos o hicieron, o de lo que no hicimos, o no nos hicieron, de lo que fue o lo que no fue, o como debería ser, de lo que pasa, pasó, o no pasó, etc.

La persona que gasta su tiempo en quejarse, está alimentando una y otra vez, el enfoque negativo que ya tiene de la vida y por lo tanto está perpetuando la costumbre de quejarse; y como se la pasa pensando de forma negativa se la pasa a su vez, creando un mundo donde todo es negativo.

No es Nuevo el concepto de que los seres humanos somos electromagnéticos, muchos físicos y filósofos a través de la historia lo han dicho. Entonces es de suponerse que si el quejumbroso se la pasa pensando negativo y expresando su pena y su dolor con su voz y con todo lo que puede, no solamente atrae negatividad a su propia vida, vive en un mundo donde todo lo percibe oscuro y sin esperanza, sino que también contagia de su baja vibración a los que se dejen contagiar, alrededor.

Aparte de estar gastándose su propia energía, de una forma disfuncional que no lleva a ninguna solución, también está perdiéndose de la oportunidad de ponerle un poco, o un mucho de color a su vida.

Si te sientes identificado con éstas palabras, o conoces a alguien que cae en ésta descripción, descubre que cada día que amanece es un día diferente, puedes pintarlo del color que quieras, pero si por el contrario te la pasas quejándote, el único color con el que verás la vida es negro, o con suerte gris.

El quejumbroso, muchas veces también vive en el pasado, recordando en muchas ocasiones, el dolor que sufrió y reviviéndolo una y otra vez. Otros quejumbrosos viven en el futuro, creando una película de drama, sumándole a esto más dolor a su vida y condenándose a sí mismo a vivir en un tiempo que no le corresponde, ni que tampoco puede enfrentar, que ya se fue, o que no ha llegado, perdiéndose así de vivir en el presente.

La persona que tiene como costumbre quejarse, rara vez, por no decir nunca, tiene una solución **para** o **de que** o **quien** tanto se queja, simplemente adopta o tiene como parte de su estilo de vida quejarse.

Es una forma de violencia pasiva, donde derrocha energía dejando salir todo el dolor, la amargura y la frustración que lleva adentro.

En mi opinión, el quejumbroso debe hacer un cambio de percepción, ver la vida de una forma más relajada y descubrir que debe ser parte de la solución, no del problema del que tanto se queja.

Como dice Eckhart Tolle, en su libro el poder del ahora. En la vida hay 3 formas de clasificar las cosas:

1. Cosas que hay que atender.
2. Cosas que hay que resolver.
3. Cosas que simplemente hay que aceptar

Y es muy cierto, una gran verdad descubrí allí, el que entiende ésta simple definición, se libera de un montón de complicaciones que nos creamos solitos y de gratis los seres humanos.

Yo lo entendí de esta forma:

Hay cosas que las atendemos y ya simplemente hicimos lo que teníamos que hacer y nos evitamos de crear un problema.

Otras cosas que necesitamos resolver y pues ya creada la solución deja de existir el problema.

Y cosas que hay que aceptar, que no tienen solución, así que por definición nunca fueron un problema (un problema siempre tiene solución, si no tiene solución deja de ser un problema) filosofía básica.

Si tu mal tiene remedio ¿por qué te quejas? Si no lo tiene ¿por qué te quejas? (Proverbio oriental)

Si después de leer esto, has llegado a la conclusión, de que la queja solo hay que dejarla como técnica de solución de algo y piensas que te estás quejando mucho, sin solucionar nada y estás dispuesto/a a cambiar la actitud de quejarte, te invito a que leas y si quieres apliques las siguientes sugerencias.

Debes saber que el objetivo final es cambiar de forma de pensar, si logras hacer esto, también cambiarás tu forma de sentir, y entonces notaras que disminuirás tus quejas. Como siempre para que dé resultado, se requiere de querer cambiar y perseverancia.

Además descubrirás, lo maravilloso que es vivir en armonía con tu entorno, ya que para poder conseguir armonizarte con lo externo, tendrás que primero demostrar que te armonizaste con lo interno.

Muchas veces nos enfocamos tanto en el exterior y en pescar los errores y lo que está mal afuera, que se nos olvida que el mundo se ve dependiendo del ojo que lo percibe, no es el mundo el que está mal, es el ojo que percibe ese mundo el que decide juzgarlo.

Pensamiento + sentimiento + Acción = Materialización

1. Piensa en todas tus bendiciones: tu cuerpo, salud, familia, trabajo, recursos, etc.
2. Deja de identificarte con lo negativo, entrena tu mente en ver lo positivo.
3. Piensa en todo lo que puedes cambiar y en lo que no puedes cambiar.

4. Cambia lo que puedes cambiar y lo que no, simplemente acéptalo.
5. Comprométete a monitorear tus pensamientos. Positivo atrae positivo, negativo atrae negativo.
6. Cancela cualquier pensamiento negativo y cámbialo por pensamiento positivo.
7. Practica con autoafirmaciones positivas (mirar ejemplos).
8. Se persistente, con el tiempo internalizaras el pensamiento positivo y te saldrá natural, sin tener que monitorearlo.
9. Rodéate de personas positivas y sigue su modelo de conducta.

Ejemplo autoafirmaciones Positivas:

- Estoy dispuesto a sanarme.
- Soy tolerante con la imperfección.
- Me doy permiso para cambiar.
- Yo soy amor, me amo y me acepto como soy.
- Acepto a los demás como son.
- Me libero de la necesidad de criticar.
- Asumo la responsabilidad de mi propia vida.
- Estoy abierto a la sabiduría interior.
- Me libero de todo lo que me lastima.
- Merezco ser feliz.
- Todo se puede.
- Confió en mí.
- Confió en el proceso de la vida.
- Permito que mis pensamientos sean positivos.
- Me libero de lo negativo.
- Abrazo lo positivo.
- Yo soy fuerte y capaz.
- La paz está dentro de mí.
- Merezco amar y ser amado.
- Confió en mi guía interior.
- Yo soy el responsable de mi felicidad.
- Vivo en armonía con el universo.
- Elijo llenar mi mundo de alegría.
- Me doy permiso para ser prospero y feliz.

- Estoy abierto y receptivo a todos los puntos de vista.
- Dejo que salgan todos los bloqueos de energía.
- Restituyo mi energía bloqueada.
- Merezco lo mejor de la vida.
- Soy el centro de mis propias fuerzas de curación.
- Despierto mis poderes internos de auto curación.
- Me identifico con lo positivo.

TODO SE PUEDE

No hay nada que no se pueda, o es que no quieres, o es que no sabes cómo, pero todo se puede.

Bastante reconfortante saber que TODO SE PUEDE no les parece? a mí, personalmente me alegro mucho reconocer ésta gran verdad, porque muchas veces nos desesperamos, desanimamos, desmotivamos, decaemos, nos entristecemos y en fin un sin número de sentimientos que nacen, de la falsa idea de creer que no se puede.

El universo está lleno de oportunidades, riquezas, tesoros, abundancia, prosperidad, y muchas cosas más...

Todo al alcance de nosotros, somos los dueños de esas riquezas por derecho divino, somos los herederos de todo ese universo que Dios creó para nosotros, y en medio de tanta belleza, somos los seres humanos, los llamados a dominar éste planeta, somos los llamados a estar por encima de las plantas, los animales y cualquier ser vivo sobre la tierra.

Para entender más fácilmente de que se habla cuando se dice que todo se puede, enlacemos la idea que revisamos anteriormente donde hablamos de la perfección del creador, al equiparnos, a cada uno de nosotros con exactamente, ni más ni menos, con todos los talentos, virtudes, belleza física y espiritual, habilidades y recursos personales que necesitamos para tener la experiencia de vida que elegimos tener. Y además de habernos dado todas las cualidades individuales para lograrlo, nos puso en un universo lleno de abundancia.

Algunos de pronto pensaran: pero y qué de las personas que nacen con "defectos" físicos, y/ o mentales, "enfermos"? Ellos no son perfectos.

Pues no serán perfectos ante el juicio de algunos de los ojos de los seres humanos que los miran, pero la verdad es que son absolutamente perfectos. Tan perfectos como cualquier otra persona o cualquier otra creación de Dios, porque cualquiera que sea la condición con la que nacieron, ellos mismos solicitaron y eligieron nacer así, para poder lograr la experiencia de vida que decidieron tener.

Cuando planeamos cada una de nuestras vidas, se nos plantean las diferentes opciones A, B, C, D... y nosotros decidimos que experiencia de vida queremos tener, cada vida está perfectamente planificada, es como una obra de arte, todo está perfectamente calculado y diseñado tiene un engranaje perfecto.

Lo que ha de ser, será! porque hay otras almas que están esperando a que sea o se dé, para poder que sea o se dé, el plan de ellos. Nuestra experiencia de vida, está perfectamente acoplada y entrelazada con los finos lazos de la conciencia universal, con otros cientos de millones de almas.

Miremos un ejemplo individual:

Una persona que nace con parálisis cerebral, o con síndrome de Down, o ciego, o con cualquiera que sean sus características, es porque pidió nacer así, junto con sus espíritus guías y señores del karma se decidió que ésas serían las circunstancias de su vida para que aprendiera lo que tiene que aprender.

Todos a nivel espiritual estamos totalmente de acuerdo. Si nacemos con los llamados "defectos" es porque el alma de la persona necesitaba nacer en un cuerpo con esas características para poder tener ésa experiencia de vida, para su evolución. Los seres humanos somos experiencia pura y aprendemos y evolucionamos por la experiencia.

La experiencia de cada alma en un cuerpo humano, está perfectamente enlazada con la experiencia de la de muchos otros, todo está perfectamente calculado para que así suceda y aunque sea difícil para nuestra mente humana entenderlo, así es como funciona.

En mi próximo libro, que ya lo estoy preparando, hablaré más profundamente de todo éste asunto.

El motivo por el cual di ésta breve introducción, es para que se amplíen los horizontes del entendimiento, de cómo cualquier cosa que nuestra alma desee realizar, es absolutamente realizable, por la sencilla razón, de que la vida y el mismo universo, está hecho y dispuesto para apoyarnos.

Cada persona tiene su propia misión de vida y por medio de el libre albedrio, le podemos hacer modificaciones, pero nunca cambiar la misión, ya que ésa misión se debe cumplir. Así que, si es parte de nuestra misión, se dará todo lo que nos propongamos, por que como se dijo anteriormente, lo que ha de ser será! Y lo que no ha de ser, el mismo universo se confabula para que no sea, o no se dé.

Todo lo que nos propongamos lograr, desde que esté en nuestro plan de vida se logrará, lo que pasa es que algunas veces nos vamos por el camino que no es y nos empeñamos en hacer lo que no estaba planeado por nosotros mismos, una vez más, Dios no se equivoca, nosotros, somos los que nos equivocamos.

Los seres humanos a nivel mental siempre estamos correctos, si yo pienso que no puedo, pues no voy a poder y si yo pienso que si puedo, pues si puedo. (Concepto ya visto anteriormente, haz el enlace)

Los pensamientos son seres vivos; a nivel energético ya existen en el plano mental en nuestra conciencia, por lo tanto ya son una creación, para que algo exista físicamente en el universo, primero tiene que crearse a nivel del pensamiento, una vez que ya lo has pensado ya existe, lo que falta es que se materialice en el plano físico.

Si supieras quien eres y el poder que tienes, te arrodillarías ante ti. (Roma Polanska)

Es por eso que con nuestro pensamiento, afectamos nuestro ambiente y todo lo que hay alrededor de nosotros. Al ser nosotros seres electromagnéticos como lo hemos dicho anteriormente, atraemos como imanes lo que pensamos, pensamos positivo y atraemos positivo, pensamos negativo y atraemos negativo.

La tendencia es siempre a confirmar lo que se está pensando, a mi parecer muy acertado Pablo Neruda cuando dijo: **piensa menos en tus problemas y al estar sin alimento morirán**, porque es verdad entre más, te concentras en pensar algo, ése algo, incrementa la posibilidad de existir y materializarse.

Todo lo que nace con el pensamiento si es algo que tu verdaderamente quieres, tienes que creer que es posible, si es algo que quieres lograr en tu vida tienes que creértelo, si no te lo crees tú primero quien va a creer en ti ? Para poder llegar a materializar lo que nació como un pensamiento, tienes que pasar por todo el proceso. Aquí utilizamos de nuevo la formula que ya te es familiar.

Pensamiento + sentimiento + acción = Materialización

Ahora bien, hay cosas en la vida que se nos dificultan más, mientras que otras cosas, simplemente fluyen, es como si hubiera al frente alguien, que nos está abriendo la puerta, se nos dan bien facilito.

Si hay algo que se nos dificulta más, debemos poner especial atención a nuestros sentimientos y emociones, ya que como hablamos anteriormente, los sentimientos y las emociones son como señales de tráfico que nos van orientando, nos dicen si vamos por el camino que debemos ir, si nos vamos sigilosamente o, si nos detenemos. Una emoción es también el aviso de que hay una lección que aprender.

Entre más fuerte sea la emoción, más grande es la lección, una emoción medianamente placentera, puede ser indicativo de que estás en el camino de tu trabajo en la vida, pero estás recibiendo una lección de menor importancia.

Un profundo sentimiento de felicidad indica, que estás en el camino de tu vida y que ésta emoción y lección es parte importante de ella.

Una emoción muy fuerte, pero menos deseable, indica la partida de tu propósito en la vida, a nivel espiritual y también es una lección muy importante.

La vida siempre está ahí para respaldarte y tiene sus caminos para informarte, si estás logrando tu misión en la vida. O sea lo que viniste a hacer.

Lo mejor y más feliz que te sientas, es indicativo de que estás en el camino correcto, y entre más miserable y triste te sientas, más lejano estás, del trabajo o misión en tu vida.

Esto no quiere decir obviamente, que en algunas ocasiones, cuando se nos dificultan las cosas, es indicativo de renunciar a lo que queremos lograr; ya que muchas veces aunque se encuentren dificultades estamos en el camino correcto. Hay que saber reconocer con sabiduría, cuando estamos en el camino correcto, cuando vamos por el camino equivocado o cuando es cuestión de trabajar más duro.

Ten presente, que si quieres hacerlo y pones todo tu empeño en lograrlo, o si ya empezaste a hacer algo y está más complicado de lo que pensabas, debes confiar en las señales que te da la vida, en los sentimientos que nacen de tu corazón. Si tu corazón te dice que deseas lograr lo que te has propuesto, sigue luchando no te rindas!! tu corazón lo sabe déjate guiar por él, todo lo que nos propongamos con amor lo podemos lograr.

se disciplinado y lucha incansablemente por tus sueños ya que la disciplina es un factor clave, si te caes levántate, si encuentras obstáculos bríncalos, pero jamás, jamás pienses ni por un instante que no se puede.

Con disciplina nos podemos comer el mundo, sin ella el mundo nos come a nosotros. (Luz)

Todo lo que es un ser humano está guardado en el corazón, allí nace la esencia de las personas, simplemente sigue el camino indicado por tu propio amor y esfuérzate por conseguir lo que te propusiste. Al reconocer que vas por el camino correcto, así esté lleno de retos, es indicativo, de que simplemente, se tenía que llegar a la meta con esfuerzo, así estaba planeado.

Algunas veces, la dificultad es simplemente parte del proceso de aprendizaje.

Si Crees en tu poder de hacer cosas grandiosas, las harás!!!(Yehuda Berg)

El éxito es el camino que vas haciendo, el recorrer día a día y disfrutar de éste proceso, es saber, que si hoy cometiste un error, tienes la suerte de aprender de ese error. El poder decidir seguir adelante y concentrarte en ser cada día mejor, en ver los obstáculos como retos que puedes superar y es celebrar tus pequeños éxitos al máximo, y saber que cuando llegues a la meta te gozaste el camino y ahora te gozas, el estar allí.

Piensa cuando estés cansado, cuando el camino aparentemente se oscurezca, cuando alguien te quiera desanimar o simplemente cuando el camino se te haga muy pesado, en el concepto que ya aprendiste; en el saber que en ésta vida, vinimos a ganarnos las cosas, que absolutamente todo tiene su precio, que la luz no la ganamos cada día, hora, minuto y segundo. Que la razón por la cual estamos en este mundo físico, es porque nos tenemos que ganar nuestro ascenso espiritual por medio de la experiencia, que es simplemente el camino natural de la evolución de nuestro espíritu, que al momento que paramos de ganarnos la luz, no solo nos detenemos, sino que retrocedemos. El retroceder equivale a Involución.

Así que levanta ese ánimo! Sigue… Siempre Adelante Nunca Atrás, jamás mires atrás, el camino se hace al andar y el aprendizaje por medio de la experiencia es la forma de llegar a donde tenemos que llegar.

Nunca te rindas, nunca renuncies, mientras estés respirando lucha por tus sueños, pues recuerda que para que los sueños se conviertan en realidades, hay que trabajar duro por materializarlos.

El que piensa en fracasar, ya fracasó antes de empezar, el que piensa en ganar, ya va un paso adelante, he sido afortunado nada en la vida me ha sido fácil. (Sigmund Freud)

GRUPOS DE APOYO Y OTROS ANONIMOS

Dios nos hizo libres y nosotros somos los que decidimos esclavizarnos por el camino de nuestra vida (Luz)

Es fantástico que personas que están experimentando un mismo dolor y padecer, se reúnan para compartir sus experiencias, para sentirse que no están solos en este camino, que no son los únicos, a quienes les aqueja éste sufrimiento.

Pero en mi opinión, hay que hacerlo con un líder muy capacitado y consciente, de que no se trata de que se reúnan a vibrar en la misma baja frecuencia, y a fortalecer esta baja vibración, sino que por el contrario, de que éste líder tenga la llama de la luz, tan encendida, que contagie a los demás con su fuego de sanación, que vibre tan alto, que inevitablemente suba la frecuencia vibratoria del resto de grupo y ponga al grupo a vibrar alto.

Un bravo bien hecho!!! Por todos los grupos que funcionan y ayudan a la gente a Sanar.

Un alerta a los grupos que los reúne y los mantiene la disfunción, y su reunión los invita a volverse, codependientes del grupo o en su defecto de otra cosa.

Porque penosamente, muchas veces, se ven éstos grupos donde encuentras gente reunida por el dolor, donde lo que hacen es seguir alimentando el dolor, sin verdaderamente liberasen de él. En éste caso, es como si nuevamente se eligiera ser víctima, pero acompañado.

Citare con todo respeto, un ejemplo de un grupo muy conocido y popular AA, aclaro que lo que digo es mi propia percepción de éste método, el objetivo es exponer mi punto de vista sin ánimo de ofender.

Hablaré específicamente del alcohol ya que tuve la oportunidad de acompañar a algunas personas a éstas reuniones como observadora, y lo que percibí fue una idea generalizada de que el alcohol tiene algún poder. A mí me pareció impactante la forma como desde el principio decían la frase en tiempo presente (fue como el 2004, ahora, le han hecho cambios y dicen la misma frase en tiempo pasado.) **"Admitimos que somos impotentes ante el alcohol, que nuestras vidas se han vuelto ingobernables".**

Una frase realmente poderosa, que confirma una y otra vez, cada vez que lo repiten, que la responsabilidad la tiene el alcohol y no ellos, y que no hay nada que ellos puedan hacer, todo el poder y el control lo tiene el alcohol.

Al reunirse un grupo de personas, que están vibrando en la misma baja frecuencia, que repiten una y otra vez que se encuentran impotentes ante una droga, un sentimiento, una substancia. Es como colaborar con que se perpetué el problema, ya que la repetición de que son impotentes, ante lo que los esclaviza, fortalece la creencia de que ellos no tienen poder de liberarse. Es confirmar una y otra vez que estás esclavizado de algo inanimado, como lo es una droga, ésta repetición te hace creer que no hay salvación.

Nuevamente estamos aquí echándole la culpa a otro, y esta vez sí, que ni siquiera es otro ser humano, sino a una droga. Claro, es más fácil que decir; yo he elegido darle poder al alcohol, yo he elegido escapar, yo he elegido no enfrentar, yo he decidido crear la ilusión de que soy impotente ante el alcohol, o cualquier droga o conducta a la que hayas decidido esclavizarte.

El que por su propia mano se esclaviza, por si mismo debe liberarse. Zohar

Mi pregunta es: Quién o Qué, es el alcohol frente a mi presencia? El alcohol es simplemente una sustancia, sin otro poder, que el que yo le doy.

Pero en verdad, todos los seres humanos tenemos el poder de liberarnos de las cadenas de la esclavitud, que nosotros mismos nos imponemos. Si somos capaces de reconocer, que la impotencia la creamos nosotros mismos, que lo gobernable o ingobernable que sea mi vida, depende de mí y solamente de mí.

Ejemplo:

Si yo fuera alcohólica y estoy lista para hacer cambios en mi vida y dejar de serlo y soy lo suficientemente fuerte y valiente, para admitir que soy absolutamente responsable, por todo el daño que me he causado a mí misma, y a los demás, al decidir darle mi poder al alcohol. Entonces habré dado un gran paso en mi recuperación.

Porque yo tengo el poder, porque, Yo Soy la dueña de mi mente, Yo Soy la dueña de mi mundo, y al imponer mi presencia ante esa sustancia sin sentido, admitir mi completa responsabilidad ante el desastre que he causado, y hacer lo que tengo que hacer habré decidido SANAR.

El pasado y todo el desastre que hayas causado con tu negación y esclavitud déjalo en tu pasado, no voltees a mirar atrás, busca ayuda, recursos, lucha, enfrenta, obsesiónate con tu recuperación, perdónate a ti mismo, llena tu vida de amor por ti mismo, y a todos los que lastimaste pídeles perdón y haz todo lo que puedas y tengas que hacer, por corregir tus errores. Pero jamás te sientas impotente, ante un objeto o sustancia inanimada, ya que tú eres el que tienes todo el poder y el control de ti mismo.

Jamás te sientas indigno de amor, es entendible, que después de haberte comportado de una forma no aplaudible, estando borracho y te hayas dañado a ti mismo y a otros, sientas dudas pensando que de pronto no mereces ser amado, pero piensa que por el contrario siempre has merecido el amor y el afecto, de hecho la causa de tu adicción, fue precisamente eso, la falsa creencia tuya y sólo tuya de sentirte no merecedor de amor.

Recuerda, la esencia de los seres humanos es el amor. Al sentir desamor por ellos mismos o sentir que otros les dan desamor, es lo que los hace crear la falsa ilusión de no merecer, por consiguiente, sienten una desconexión del recurso divino, de la luz de dónde venimos.

Anteriormente se dijo que la consecuencia de sentirse desconectado de la fuente divina es la enfermedad, en el caso de las adicciones también aplica éste concepto.

Estoy totalmente de acuerdo con que la gente se reúna en grupo con gente que tienen el mismo problema y con el objetivo de solucionarlo, pero con un líder que vibre alto, mucho más alto que tú, que te contagie de su alta vibración, con un líder que te muestre el camino y te dé su mano para ayudarte a levantar, ojo no para rescatarte, porque no se puede rescatar a nadie, pero si se puede mostrarles el camino, que solamente cada persona puede recorrer

El alcoholismo, la drogadicción, la neurosis, las adicciones al juego, la adicción al sexo, etc. Son enfermedades del Alma no del cuerpo. Nada nuevo bajo el sol, ya que éstas conductas son consecuencias de asuntos sin resolver, de ésta vida o de vidas pasadas.

Estas conductas están ligadas a la depresión son un profundo sentimiento de no merecer, y una evidente resistencia a estar aquí, en esta dimensión. Toda persona, que se alcoholiza o se droga, sabe perfectamente las consecuencias de lo que está haciendo, los riesgos que está tomando, al intoxicar su cuerpo de enfermarlo, y los riesgos que toman cuando irresponsablemente conducen un vehículo motorizado, a nivel spiritual conducir intoxicado es considerado como un intento de suicidio, sencillamente la persona no quiere estar aquí.

Los adictos a las drogas son escapistas profesionales y por eso emiten conductas autodestructivas. Con el agravante que en el caso de manejar intoxicados, no solamente se están poniendo en riesgo de morir ellos mismos, sino que además se pone la vida de terceros en riesgo. Cuántos casos de gente que termina su vida antes de lo que estaba planeado, a consecuencia de la irresponsabilidad de alguien que iba conduciendo un auto en estado de ebriedad o drogado.

Las drogas son un acto de escapismo, una de las máximas expresiones del miedo a la experiencia, miedo a enfrentar. (Luz)

Una vez más sugiero a los estudiosos de la conducta humana, enfocarse en la causa, que está mucho más allá de la conducta y de la mente, si se enfocan en la conducta, van a estar estudiando el efecto no la causa. Mientras se siga observando y estudiando la conducta, solo se encontraran explicaciones superficiales y conductuales de las enfermedades de la mente, que al fin y al cabo no son de la mente sino del alma, la mente sólo resuelve y una forma de resolver es creando enfermedad.

Aunque anteriormente he dicho mente, cuerpo y alma , porque es lo que se ésta acostumbrado a escuchar. La formula no es; mente, cuerpo y alma. **Es Alma, mente y cuerpo. Para que se enferme la mente primero debe estar enferma el alma, para que se enferme el cuerpo primero se debe enfermar la mente.** (enlaza éste concepto con lo aprendido anteriormente)

La enfermedad, es una defensa contra la verdad. Aceptare la verdad de lo que soy, y dejaré que mi mente sane hoy completamente. (Un curso en Milagros)

Si trabajas a nivel espiritual con el adicto, la conducta adictiva desaparecerá, no se puede sostener, no tiene piso, no tiene sentido emitirla, no hay una razón de ser para que exista.

Es momento de dejar de mirar al maravilloso ser humano, como un objeto de estudio, un objeto, hecho a base de estímulo y respuesta, no somos máquinas, somos una creación infinitamente perfecta y poderosa.

A continuación bajo mi punto de vista, esto es lo que yo le sugeriría que recitara a alguien que se quiere recuperar del alcoholismo y más que recitarlo, internalizarlo. Ya que es una autoafirmación que queda gravada en el subconsciente con la repetición. Como siempre es simplemente una sugerencia, ofrezco una alternativa a quien le pueda ayudar, con todo respeto para cualquier otro protocolo que ya este establecido.

Admito que soy el responsable por todos los daños, que la decisión de beber alcohol, ha causado en mi vida. Reconozco que el alcohol es impotente ante mi presencia, que mi vida sólo puede ser gobernada por mí, porque: Yo Soy el dueño, de mi mente y de mi mundo.

Quien o que es el alcohol sin mi? Nada!! es simplemente un liquido que no puede hacerme absolutamente nada, sin el poder que yo le doy.

Admito que yo cree ésa falsa ilusión, de sentirme impotente y que estoy dispuesto a gobernar mi vida y a usar todo mi poder. Yo no tengo por qué sentirme humillado, el alcohol no puede ni jamás ha sido mi acreedor, no estoy en bancarrota, por el contrario soy un ser rico y reclamo todas las riquezas que Dios me dio. Reconozco mi poder de crear riqueza y felicidad a mi alrededor.

Admito, que todo el dolor que cree para mí mismo y para los que estaban cerca de mí, es mi absoluta responsabilidad, y le pido a la divina providencia; que me ayude en mi deseo profundo de recuperarme y en utilizar, todo mi poder para salir del hueco profundo y oscuro que yo mismo cree y en el que solito me metí.

Admito que nada ni nadie, me puede victimizar sin mi permiso, a menos que yo sea voluntario a víctima.

También sé, que tengo la fuerza que se necesita, para poder vencer cualquier esclavitud que yo mismo haya creado, que existe algo más poderoso que el miedo y eso es el amor por mí mismo. Yo no estoy hecho de miedo, Yo estoy hecho de amor.

Admito, que con la ayuda de mis hermanos y con mi férrea fuerza y voluntad, lograré la Victoria y será mía!!! Yo lograré sin duda alguna ganar éste combate cuerpo a cuerpo, contra la adicción. Así es y así será!

Los Milagros ocurren, para quien está listo para que ocurran. (Un curso en Milagros)

Dicho esto, hago una sincera invitación a los que saben que son esclavos de alguna adicción, que si ya sienten que han sufrido lo suficiente (que eso es lo que llaman tocar fondo), que busquen la liberación, que decidan reconocer la luz que vive dentro de ustedes, que se conecten al recurso divino de la luz y que salgan de la oscuridad donde se han metido.

Todo lo que toca la luz, en luz se convierte, sólo basta con desear tu liberación de una forma tan profunda y sincera, que una vez que tú la pidas te será concedida, **pide que ya se os ha dado!** Ten certeza de que aparecerán los recursos para tu sanación en frente de ti, tienes que estar atento para reconocerlos, pon atención a los mensajes y mensajeros que te encontraras por el camino y manos a la obra! haz lo que tienes que hacer, porque el premio que vas a recibir, es lo más valioso que un ser humano puede tener **la Libertad !**

No voltees a mirar atrás, no importa lo que fuiste, lo importante es lo que eres. No te auto compadezcas, no importa lo que hiciste, lo valioso es lo que harás. Aprovecha la oportunidad que te da la vida de corregir, no te enfoques en castigar tu conducta errónea, enfócate en CORREGIRLA, y nunca desfallezcas, el universo tiene guardado un mundo maravilloso para ti, si eso es lo que deseas.

Siempre Adelante Nunca Atrás !!

NUNCA TE RINDAS, NUNCA RENUNCIES

La vida cobra sentido, cuando se hace de ella una aspiración a no renunciar a nada.(José Ortega y Gasset)

Recordemos el concepto que revisamos anteriormente. Todos nosotros vinimos con una misión especial y debemos cumplirla, por medio del libre albedrío, se pueden hacer cambios pero no la esencia de la misión.

Hay una explicación mucho más profunda a nivel espiritual de cómo funciona esto. Este es otro concepto que se ampliara en mi próximo libro, se explicará con más detalle los aspectos de la reencarnación o retornar del alma. No lo hago en éste libro, ya que son conceptos más profundos y al tener como base lo que se ha dicho en éste, queda más fácil entender la nueva información.

Ten en cuenta que aunque la vida esté llena de obstáculos y desafíos en muchas ocasiones, el objetivo final es llegar a donde tenemos que llegar y hacer lo que tenemos que hacer. Yo te propongo que te goces el paseo, pero si no te lo gozas, es decisión personal de cada individuo. Te lo goces o no, al final, siempre hay que completar el trabajo.

Claro que tenemos la opción de rendirnos, por supuesto que sí, pero al hacerlo, simplemente estamos aplazando materias, clases o lecciones como lo quieras llamar.

Se acuerdan el ejemplo del que quiere ser ingeniero? Que al final tiene que cumplir con todo el trabajo escolar para graduarse? Bueno, pasa lo mismo aquí en la escuela de la vida. Para graduarse hay que hacer todo el trabajo espiritual por medio de la experiencia de vida, y si decidimos rendirnos, pues vamos a complicar las cosas, ya que solitos no la estamos poniendo más difícil.

Vamos a poner un ejemplo, para que se entienda mejor ésta idea.

Hablemos del escapista más grande que hay, del suicida :

Digamos que una persona simplemente decide renunciar a hacer la tarea y se suicida. Que creen que pasa? Pongamos 2 opciones

1- Que ésta persona, ya se salvó de hacer lo que tiene que hacer?

2- Que se va al infierno?

Analicemos:

Ninguna de las dos opciones que di suenan justas, la primera, pues porque imagínense, todo el mundo haciendo la tarea y ganándose la luz con todos los retos de la vida, y ésta persona no mas renuncia, se suicida, y ya no tiene que trabajar. No suena justo verdad?

La segunda, pues nos dan un solo chance de hacer la tarea y si no la hago y renuncio, me mandan directito al infierno, sin tener más oportunidad de corregir o redimirme, tampoco suena justo.

Esta explicación, es posible que suene muy simple, pero si pones atención al mensaje, detrás de las palabras, te darás cuenta de la profundidad que encierra.

El suicida, simplemente ha complicado su tarea. Ya que al decidir aplazar el curso, ha creado una futura existencia con las mismas pruebas que tenía que pasar, pero con más retos y complicaciones. Algo así, como decir, que se la ponen más difícil, o mejor dicho, el mismo se la puso más difícil.

Absolutamente toda acción causa una reacción, hasta la más mínima acción que te imagines en contra de nosotros mismos o de otros, tiene una consecuencia. Y aclaro como he dicho anteriormente, no es castigo, porque Dios no castiga, es consecuencia de nuestras propias decisiones, porque somos experiencia pura , aquí se viene a aprender y lo podemos aprender por medio del placer o del dolor, la elección es nuestra.

El suicida, ha generado un grado de dificultad más alto en su tarea, porque si lo que trataba de hacer es escapar, déjeme decirles, que debemos saber, que al final **no hay ESCAPE!**

Por más que se den vueltas en las ruedas del alma, siempre hay que resolver los conflictos, purificar las relaciones, transmutar el dolor, pagar deudas kármicas, al final todo tiene que sanar, todo se debe convertir en amor.

Así, que es mejor utilizar todos los recursos que se nos dan para cumplir con nuestro trabajo. Si tienes en éste momento de tu vida un conflicto que te parece muy difícil resolver, busca ayuda y/o déjate ayudar, pero no renuncies a la alegría de vivir, con todo y las dificultades que se nos presentan, la vida es bella, de hecho las dificultades son el sazón, lo que pasa es que hay inconsciencia de ello es lo que hace que lo veamos muy difícil.

Cualquiera que sea tu dolor, llénate de entusiasmo, observa a tu alrededor y te darás cuenta que siempre hay una puerta de salida, no te encierres ni te aferres al sufrimiento. Continua con tu proceso de evolución. Cuando digo que te dejes ayudar, es porque siempre hay una luz brillando en la oscuridad, pero hay que estar atentos para verla y además de estar atentos hay que querer ser ayudado, porque hay gente, que por más que la ayuda esté disponible no quieren ser ayudados, y hay que respetarles su libre albedrío.

Si ves muy oscuro el panorama, pídele a Dios, que te de luz adicional para ver el camino, el siempre está ahí para ayudarte. Y si no crees en Dios pregúntate a ti mismo si es posible que éste fuera un buen momento para considerar la existencia de Dios.

Igual si no crees en él, no te sientas sólo/a te tienes a ti y a tu prójimo. Si continuas viendo todo muy oscuro ten en cuenta que en la noche, cuando se pone más oscuro, es porque va a amanecer, porque va a aparecer la luz de un nuevo día. La crisis, siempre es oportunidad de aprender y crecer.

Muchas veces en momentos de adversidad cuando todo aparentemente esta perdido, es simplemente la señal de que la luz viene a tu encuentro.

No importa cuántas veces has caído o que tan profundo está el hueco donde te sientes metido, siempre hay una luz al final del túnel, tu ya eres luz déjate, guiar por esa luz.

Lo entiendas o no, nunca estas sólo, nunca lo has estado y nunca lo estarás. Nosotros siempre estamos acompañados y tenemos quien nos guie, pero tenemos que pedir la ayuda, para que nos sea concedida.

Estamos rodeados de ayuda espiritual, de espíritus maestros, guías, ángeles, de toda una corte celestial puesta a nuestro servicio, pero ellos están impedidos por nuestro libre albedrío de ayudarnos, si no lo pedimos. Ya que hay que autorizarlos a que intervengan sino, no, nos pueden ayudar.

Puedes pedir mentalmente, por medio de la oración, ya que ellos se comunican telepáticamente.

Para los que no creen en Dios, conéctense a su propio ser, al saber que están vivos, apóyense en un amigo, en el conocimiento, en la ciencia, en el aprendizaje, en la libertad o justicia, en lo que crean !!! en fin en lo que el corazón les dicte, pero siempre luchen por lograr el objetivo u objetivos que tengan en su vida, nunca se rindan, nunca renuncien.

LISTA DE RECOMENDACIONES PARA SANAR

Si llegaste hasta ésta página, es porque te identificaste con algo, o con mucha de la información que encontraste en éste libro. O diciéndolo de una forma más profunda, es porque en alguna parte de tu ser, reconociste ésta información.

Entonces, debes tener en cuenta que al haberte sentido identificado/a con éste conocimiento, es porque de alguna forma, estabas listo para recibirlo y entenderlo; pero que además de entenderlo hay que practicarlo, porque el conocimiento que no se practica, no sirve de nada.

El conocimiento además de recibirlo, entenderlo y practicarlo, debes compartirlo, ya que el conocimiento es energía en movimiento y la energía siempre debe completar su ciclo de ir y venir.

Por lo tanto te ofrezco una lista de recursos para sanar. Si decides seguir éstas sugerencias incrementarás la probabilidades de sufrir menos y gozar más.

Si estás listo para sanar, pon manos a la obra no esperes más, nutre bien tu cuerpo, mente y alma; ríe, disfruta, comparte, pásala bien, ten buen sentido del humor, el mundo espiritual está lleno de buen sentido del humor, haz ejercicio, supera los problemas.

La meditación es un muy buen recurso: empieza por poquito que poco a poco avanzaras, al meditar te conectas con el mundo invisible, aprovecha y tráete toda la luz que te encuentres allí, al mundo visible, es tuya, tráetela contigo. Y espera con fe los resultados.

Y algo muy importante. Cree en el retorno del alma! al creer en la inmortalidad del alma el miedo desaparecerá!

Pero si no estás todavía, en el punto de creer está gran verdad, por lo menos plantéate la posibilidad, eso será un empezar.

Siempre Adelante Nunca Atrás!

La Lista de los SI

1. Empieza por una limpieza interna, deja ir el dolor del pasado y no temas por el futuro, entrégate al único tiempo en el que puedes vivir, al aquí y al ahora.
2. Elévate por encima de los instintos básicos e inferiores, tú eres mucho más que eso, busca la armonía de tu alma y mira tu cuerpo como un vehículo para experimentar, no como lo único que eres o tienes.
3. Amate a ti mismo.
4. Ama a tu prójimo, como a ti mismo.
5. Cambia de forma de pensar, creer y actuar.
6. Cultiva los sentimientos positivos, procesa los negativos.
7. Perdónate a ti mismo y a otros.
8. Deja ir el rencor.
9. Responsabilízate por tus actos y corrige.

La Lista de los NO

1. No al egoísmo
2. No al apego (El apego causa dolor)
3. No a la necedad
4. No al juicio
5. No a la deshonestidad
6. No a la manipulación
7. No al chisme
8. No a la envidia
9. **NO TENGAS MIEDO**

Cuidados de tu cuerpo:

1. Haz una limpieza de tu organismo con productos naturales.
2. Nutre tu cuerpo con comidas y bebidas saludables.
3. Ejercítate.
4. Disfruta de la naturaleza.

Recursos Holísticos:

1. **Medicina Naturista**
2. **Acupuntura**
3. **Medicina cuántica**
4. **Biomagnetismo**
5. **Reiki**
6. **Hipnosis**
7. **Homeopatía**
8. **Reflexología**
9. **Yoga**

Sugerencias Generales:

1- Toma la vida con calma con sus retos y dificultades, pero enfocado en la maravilla de vivir.
2- Vuelve a lo básico, en un mundo tan complejo nos hemos vuelto complicados.
3- Disfruta de la hora de tus alimentos, en la medida de lo posible come en familia o con amigos, sin prisas. Nutrirse bien es un placer.
4- Incluye en tu rutina, mínimo 5 minutos para relajarte o meditar.(ver guía)
5- Ocúpate de lo que está dentro de tu control y entrégale a Dios, lo que es de Dios,(Lo que está fuera de tu control, es asunto de Dios).
6- Escápate de vez en cuando, al bosque o a un área natural conéctate con la naturaleza.
7- Ríndete a la voluntad de Dios, que se haga su voluntad y no la tuya.

Guía de meditación

Puedes hacerlo en tu casa, creando tu propio lugar de meditación, para que la energía de paz, armonía, serenidad, luz y amor, se quede guardada en ése lugar. Sino, lo puedes hacer en tu trabajo, o en cualquier lugar, que encuentres apropiado hacerlo, solo para tener un momento de relajación.

Preparación:

Busca un lugar donde Te sientas cómodo, y donde no te vayan a interrumpir, puedes estar acostado o sentado, si estas sentado, debes tener la espalda recta y los pies tocando el piso.

Duración: Mínimo 5 a 10 minutos (si puedes más)

Recursos:

Si creas tu lugar de meditación, Puedes poner música para meditar o clásica, velas con un aroma favorito, piedras o cristales, cojines, una fuente con sonidos de agua.

Usa colores suaves, ya que los colores, tienen su propia vibración.

Puedes programarte, previamente mentalmente por cuánto tiempo vas a meditar.

Procedimiento:

1- Busca un punto fijo en el techo, si estás acostado, o en la pared o al frente si estás sentado.

2- Toma una respiración por la nariz, sostén la respiración por un momento y empuja el aire, hacia afuera por la boca despacio, mientras sostienes la mirada en el punto fijo.

3- Respira así , 3 veces y a la tercera respiración, mientras dejas salir el aire, cierras los ojos y le mandas un mensaje a todo tu cuerpo de que se relaje.

4- Vas a seguir respirando tranquila y pausadamente, sin ninguna prisa, simplemente concientizándote de tu propia respiración, mientras piensas en las palabras: paz, armonía, serenidad, luz y amor.

5- Quédate allí simplemente, sintiendo tu respiración, escuchando los sonidos de tu cuerpo y repitiendo mentalmente las palabras anteriores. Regresa y abre los ojos, cuando sientas que tu mente y tu cuerpo han descansado.

6- Puedes programarte, previamente, mentalmente por cuánto tiempo vas a meditar.

Agradecimientos

Gracias a Dios por permitirme recordar lo que mi Alma ya sabe y quiere compartir, y por los guías que pone en mi camino.

Gracias a cada cliente que ha llegado a mi oficina, por darme el privilegio de conocerlos y de trabajar con ellos, por todo lo que me han enseñado y por los mensajes que me han dado.

Gracias a Marcos Estrada por inspirar o descubrir el nombre del libro y ver lo que yo no había visto.

Gracias a mi familia inmediata, por permitirme crecer con ellos y por cada momento de amor, que compartimos en nuestro reencuentro.

Gracias a mi gran familia la humanidad por ser mis hermanos y permitirme compartir con ustedes, mis pensamientos.

Gracias a la Editorial Palíbrio por toda la guía que me prestaron, especialmente a Juan y Verónica por su excelente trabajo y su fino trato.

Gracias a mi gente LALF por todo lo que me enseñan, estoy muy feliz de trabajar con ustedes.

Amor y Luz

Mary Luz

Referencias Citadas en el Texto

Heather Anne Harder (1993) Exploring Life's Last frontier, Needham MA US Channel One communications Inc.

Allen Kardec (1857) El libro de los Espíritus, Editorial Argentina y Editora Espirita Española.

http://drogohezi.blogspot.com/2007/10/ritalin-una-droga-de-control-social.html

Eckhart Tolle (200) El poder del Ahora, Doral, FL US, New World Library.

Louise L. Hay (1984) Tu puedes Sanar Tu Vida, Santa Monica US

Hay House, Inc.

http://energiayfeminidad.net/2011/02/11/enfermedades-psicosomaticas/

Fundación para la Paz interior (1999,2007) Un Curso de Milagros,

Mill Valley, CA US

http://www.asociacionantidroga.org.ar/gacetillas/12pasos.htm

http://es.wikipedia.org/wiki/